活出真正的自己，就不再生病

——疾病，是來自真我的訊息——

梯谷幸司——著
高宜汝——譯

目錄

第二章
改變動腦方式，就不再生病

第三章
發現「還沒原諒的自己」

第五章
改掉使用的詞彙，就能順利告別疾病

第六章
回想真實自我的記憶，斷絕疾病根源

前言

你和「真正的自己」之間的差異正誘發著疾病！

自古以來，就有「**病由心生**」這句話。意味著疾病會依心情的感受，變好或變壞。

各位是否也在日常生活中體會到所謂「病由心生」的感覺呢？

美國精神分析學者兼醫學博士法蘭茲・亞歷山大曾說過這句話：

「**雖然生物學或醫學領域都無視它，但是，內心狀態支配著身體的事實，是我們在日常生活中最基本的體悟。**」

內心支配著身體這件事，可說不分東西方，許多人都真實感受過。

實際上，近年各種研究也都以科學角度證明了「病由心生」。

比方說，我們已得知，**當精神壓力導致的緊張狀態持續時，身體就會出現各種不適**。

造成這個情況的主要原因是**自律神經失調**。自律神經是控制內臟或血管等組織器官運作、維持生命狀態不可或缺的神經。雖然它由交感神經及副交感神經共同運作，但在緊張狀態下，交感神經的作用會占優勢。

當交感神經作用占優勢時，會引發血管收縮、血壓上升、脈搏加快、腸胃等器官活動力下降的情況。

若是一直處於緊張狀態，身體的不適便會持續下去。結果，引起血液循環障礙或免疫力下降，最後導致癌症或糖尿病等各種生活習慣病與傳染病等疾病。

我身為學習神經語言程式學、催眠療法，以及語言心理學的心理培訓師，研發透過運用**語言技巧**及**心理技術**來改變「**動腦方式**」的獨家方法，協助人們改善各種身體或心理層面的症狀。

我從事這份工作將近三十年，經由傳授或諮商，幫助客戶不再生病的人數約有八百人（其他方面的傳授或諮商則約四萬八千人）。

若將至今終結過的疾病一一舉例，像是乳癌、大腸癌、胃癌、肺癌、腦瘤、子宮頸癌、惡性淋巴瘤、白血病等各種癌症，以及腦部疾病、心臟疾病、糖尿病、動脈瘤、骨髓炎、子宮肌瘤或卵巢瘤等婦科疾病、結締組織疾病等自體免疫疾病、異位性皮膚炎、憂鬱症或恐慌症等精神疾病等，病症的種類橫跨多領域。

我不是醫師，所以並非實際治療這些有疾病的人。身為心理培訓師，我能做到的只有接近對方的心。

透過一同進行課程與工作坊，察覺實際上並不存在的「**臆斷**」或錯誤的「**自我形象**」，並逐漸改變動腦方式及用詞，便能漸漸消除疾病和不適。

舉例來說：

- 已有十多年糖尿病的六十多歲女性，在四個月內痊癒。
- 第三期惡性淋巴瘤的六十多歲女性，在四個月內痊癒。
- 第三期乳癌的四十多歲女性，在三個月內痊癒。

- 第四期乳癌及骨髓癌的四十多歲女性，在一年內痊癒。
- 第三期大腸癌的五十多歲男性，在兩個月內痊癒。
- 兒童白血病的三歲男童，在一個半月內痊癒。
- 第三期子宮頸癌的三十多歲女性，在三個月內痊癒。
- 酒精成癮的四十多歲男性，在一天內戒除。
- 已持續二十年藥罐子生活的四十多歲憂鬱症女性，在一個月內痊癒。

這些都是靠改變動腦方式告別疾病的人。每當這個事實映入眼簾，我就重新強烈感受到「病由心生」是真的。

累積這些經驗的過程中，我發覺製造出疾病的其實是那個人在心中有意識及無意識感覺到的差異。

這差異即是「**沒有活在自己的人生中**」。

然而，造成這種差異的原因，就是先前提到實際上並不存在的臆斷，以及錯誤的自我形象，與製造出這些想法的動腦方式。

修正這些錯誤及偏差，消除掉差異後就能告別疾病。

當你能以真正的自己，照著原本的生存目的活著，從此就再也不生病了。

梯谷幸司

第一章

／

沒活出「自己的人生」，人就會生病

疾病是來自「真實自我」的重要訊息

我們每個人都帶著自己的「**生存目的**」誕生在這世上。

也就是說，我們各自背負著必須在這趟人生中達成的「某個目標」。那個目標，也許是為眾人或世界帶來貢獻，或許是博愛世人，又或是創造出前所未有的價值。

我們在從事與生存目的相關的活動時，會感到幸福。以真實的自我生活，能讓我們覺得充實。

這種現象就像美國心理學家亞伯拉罕．馬斯洛提倡的「需求階層理論」中，滿足最高層次自我實現需求的狀態。

對人類來說，依隨生存目的的生活是無上的喜悅。

但是在現實社會中，大多難以照這種方式生活。只要活著，我們就必須在某種程度上依循社會的規矩。藉由達到社會的要求，以大眾期待的方式生活，並逐漸形塑出「社會自我」。

然而，形塑出的社會自我，與自己的生存目的不符的事例卻相當常見。

舉例來說，即使有著「想當演員」「想成為小說家」的夢想，周遭的大人卻極力反對說，「夢想能當飯吃嗎？找個穩定的公司好好工作！」這就是非常簡單明瞭的例子。

很受歡迎的美國管理學家彼得．杜拉克，在一九四九年著作的論文中提到，「有另一位齊克果」（收錄於Diamond社刊《已發生的未來》）。

這篇論文中出現「社會自我」及「心靈自我」這兩個詞彙。以我的說法來表示，就是「社會自我」和「真實自我」。

在這篇論文中，杜拉克表示，人類一般都選擇以社會自我生存，而且社會自我和心靈自我彼此並不相容。

因為論文作者是杜拉克，我很期待看到他尋求兩者該如何折衷共存的方法。但對杜拉克這種大人物來說，找出融合兩者的方法也很困難吧。

就像先前提過的，只要是人，無論誰都有想追尋「生存目的」的欲望。因此，在社會自我及真實自我之間不斷拉扯。

有拚命覺得自己必須一直回應來自社會期望的人；雖然罕見，也有視社會期望為耳邊風，貫徹真實自我的人。不過，大多數的人仍選擇社會自我，徹底壓抑真實自我。

「做這種事會被罵」「我只有這點能耐，放棄吧」「走這條路的話，就沒辦法過像樣的生活」等等。

社會自我透過各種先入為主的臆斷及自我形象，來阻止真實自我追尋生存目的。

古今中外的歷史都曾證明，若徹底壓制民意，終會出現抵抗或叛亂。這種與社會情勢相同的情況，也會發生在人的身體上。

那個抵抗或叛亂就是「疾病」。**被社會自我封印在深處的真實自我會認為，如果不能追尋原本的生存目的，就算身體健康也毫無意義，接著製造出各式各樣的疾病。**

換個角度來看，這種情況也能解釋為**來自真實自我的訊息。**

換句話說，**真實自我利用疾病告訴我們，現在的生活跟原本的生存目的不同。**

> **人在從事有關「生存目的」的活動時，會感受到幸福。**

視疾病爲「敵人」，就無法遠離它

即使罹患的是同一種疾病，痊癒的情況也會因人而異。有人能確實遠離疾病，也有人甚至更加惡化。

近三十年來，我藉由傳授指導及諮商等方式，協助許多人告別疾病。而造成痊癒差異的原因究竟為何，是我一直以來的研究主題。

造成兩者極大差異的原因之一，就在於是否將疾病視為「**敵人**」。

成功遠離疾病的人，都沒有視疾病為敵。當然，在剛開始的階段，許多人都會視疾病為敵人。只不過，不再生病的人逐漸察覺到，疾病其實是來自真實自我的訊息：「你現在的生活，偏離了原本的生存目的喔。」

接著開始面對疾病，與真實自我對話。然後對真實自我道歉：「抱歉，一直以來都無視你。」再慢慢與它和解。

到這個階段，大部分人會開始擺脫社會自我的束縛，追尋原本的生存目的。

不知不覺就成功擺脫疾病了。

一位第二期乳癌痊癒的三十歲女性，一直以來都有著把想說的話寫成文章的想法。只是她認為自己沒有寫文章的才能，而且光靠寫作也不可能有收入，於是決定放棄，壓抑著這分心情。雖然這導致她乳癌發病，但另一方面，正因為罹患了乳癌，她才終於變得能面對真實自我。

她開始傾聽疾病傳達的訊息，最終找到至今深埋在內心深處的生存目的。然後解開深鎖至今的封印，下定決心不再找藉口，在工作空檔找時間寫文章，並且開始實踐。

她說實際開始寫作之後，比想像中還開心，也感覺到活著的意義。自己也變得不太在意有乳癌這件事。

某天，當她久違去醫院追蹤檢查時，發現癌細胞竟然消失了。

為什麼視疾病為敵人時，會無法擺脫疾病呢？

所謂的敵人，就是要戰鬥的對手。

因此，我們會傾向於選擇能打倒並根絕疾病這個敵人的治療方式。比方說，大量地服用藥物，如果是癌細胞就選擇放射線治療或切除手術等。

我們用盡各種手段，拚命消滅或是切除體內的病灶。但是，這個做法只是持續無視真實自我，做那些針對症狀的醫療處理，無法解決最根本的問題。

疾病原本就是來自被封印的真實自我的訊息：**快察覺我的存在！活出真正的自己吧！**

繼續無視這個訊息的話，不管做了多少表面上的治療，也很難徹底消滅疾病根源。

所以病症才會很難痊癒，或者就算暫時痊癒也很快復發。如同斬草不除根，春風吹又生。

疾病會惡化，可能是因為現在的你仍徹底無視自己的存在，所以真實自我決定，「既然如此，那就用更糟的狀況讓現在的你察覺吧。」

再強調一次，**疾病絕對不是敵人**。

我們容易將疾病視為「討厭的東西」「壞東西」。無論是誰都希望不要生病，不過只要有這種想法，就無法遠離疾病。

我經常告訴客戶：

「疾病是即使被討厭，也積極地想讓你察覺到真實自我的使者。你要把它當成敵人，用治療殺了它嗎？」

請試著傾聽疾病拚了命也要傳達給你的訊息。

疾病不是敵人！去察覺能以真實自我生存的訊息吧！

執著於不想失去的事物，就會不斷生病

疾病一直很難痊癒的原因，除了我們將之視為敵人之外，也取決於**不想失去因生病而好不容易到手的東西**。

例如因為生病，父母、伴侶或小孩變得很溫柔；因為生病，能擺脫照顧父母的責任或討厭的公司業務等。

如果痊癒的話，我們就會失去這種舒適的關係或狀況。由於下意識害怕失去，即使意識上想著「想治好病」「想變健康」，潛意識卻認為「不想痊癒」。

換句話說，**是自己「想生病」才生病的**。這樣一來，無論多久都沒辦法痊癒。

若真心想擺脫疾病，重點在於能否**下定決心做好病癒後失去自己偏好的人際關係或狀況等覺悟**。因疾病帶來的美好關係、以疾病為藉口而獲得的暢快環境……做出放棄這些舒適條件的決定，就是關鍵所在。

做決定是一開始必須著手的事。實際開始實行後，模稜兩可的態度是無法繼續的。所以不管對誰來說，下定決心前都得耗費相當多精力。

話說回來，人會生病，其實就代表那個人偏好的關係或狀況，已經偏離原本的生存目的或真實自我。緊抓著那些東西不放，便無法獲得真正的幸福。

等到漸漸了解這件事後，你會開始放棄那些導致久病不癒的關係及狀況。在放棄那些原因的同時，疾病也會跟著慢慢消失。

這是罹患乳癌末期二十多歲女性的案例。

她的丈夫與她的好友外遇，不知何時竟已發展到半同居的關係。她說丈夫變得偶爾才回家一次。

在這時候，她開始出現乳癌症狀。經檢查發現時，已經是末期了。

一開始我便對她說：

「請立刻離婚，不然妳沒辦法痊癒。」

因為在聽到她的狀況後，我能馬上感覺她罹患乳癌都是因為和丈夫之間的關係所致。

換句話說，她為了挽回漸行漸遠的丈夫，讓自己罹患乳癌。因此，若想認真告別乳癌，除了斷絕與丈夫的關係外沒有其他辦法。

她聽從了我的建議，搬出以前跟丈夫同住的家，開始一個人生活。只不過，她心裡還是忘不了丈夫，仍然有所依戀。

另一方面，她也持續尋求對自己而言真正的生存目的。在她慢慢找到目標的同時，終於發現為了依循生存目的，不能再浪費時間在丈夫身上。

讓我印象深刻的是某次與她的互動。她突然露出發現了什麼的表情，並對我說：

「梯谷老師，我的『癌症末期作戰』失敗了！」接著開懷大笑起來。

一切發生得太突然，我不禁問：

「怎麼回事啊？」

她回答：

「我覺得如果要挽回他的心，微不足道的方法是不會成功的，所以才讓自己得癌症。可是到頭來，他還是沒回到我身邊。而且就算他回心轉意，我也不得不繼續與癌症相伴。所以才說，我的癌症末期作戰失敗了。」

聽到這段話，我確信她的癌症會漸漸消失。

因為她下定決心和丈夫斷絕關係，做好依循生存目的活下去的覺悟。之後，她的乳癌好了一半，癌症帶來的各種不適也逐漸好轉。

你是不是正在依賴因病獲得的各種「舒服好處」呢？

人的意識與身體能量息息相關

如先前說過，依循生存目的去生活會感到幸福。就像做自己想做或喜歡的事時，會因為太開心而投入到幾乎忘記時間。就是這種感覺。

人類在處理有關生存目的的事時，身體會釋放出非常多能量。當身體處於能量充沛的狀態時，當然不容易出現不適或罹患疾病。

相反地，**當身體釋放出的能量少，就容易引發疾病**。因為身體需要的能量不夠，會使某些部位無法好好運作。

這種能量少的狀態若持續下去，終將發展為疾病。

美國精神科醫師大衛．霍金斯博士，曾測量過人體散發出的能量。

霍金斯利用「肌肉反射測試」（肌肉動力學測試），將受身心狀態影響時的肌肉反應強弱化為數據，測量在不同的意識形態下，身體會釋放出多少能量。

測試結果顯示，人的意識會隨著身體釋放的能量分成十七個階段。

十七個意識等級詳見第30頁。

霍金斯博士將這十七個階段，大致分為釋放正面能量的**心靈力領域**，以及釋放負面能量的**外力領域**。

其實，這十七種意識等級，以及基於意識等級的心靈力領域與外力領域，都與製造並消滅疾病的過程吻合。

請看30頁圖表。

外力領域是指意識等級第九級「勇氣」到第十七級「羞恥」的階段。介於這個領域時，身體會釋放負面能量。

影響身體釋出能量的「意識等級」

<table>
<tr><th></th><th>領域</th><th>意識等級</th><th>心靈力數值</th><th>情感</th><th></th></tr>
<tr><td rowspan="8">心靈力
領域</td><td>1</td><td>開悟</td><td>$10^{70\sim100}$</td><td>無法言喻</td><td rowspan="8">▲正等級</td></tr>
<tr><td>2</td><td>和平</td><td>10^{60}</td><td>幸福</td></tr>
<tr><td>3</td><td>喜悅</td><td>10^{54}</td><td>平靜</td></tr>
<tr><td>4</td><td>愛</td><td>10^{50}</td><td>尊敬</td></tr>
<tr><td>5</td><td>理性</td><td>10^{40}</td><td>理解</td></tr>
<tr><td>6</td><td>包容</td><td>10^{35}</td><td>原諒</td></tr>
<tr><td>7</td><td>願意</td><td>10^{31}</td><td>樂觀</td></tr>
<tr><td>8</td><td>中立</td><td>10^{25}</td><td>信賴</td></tr>
<tr><td rowspan="9">外力
領域</td><td>9</td><td>勇氣</td><td>10^{20}</td><td>認同</td><td rowspan="4">▼負等級</td></tr>
<tr><td>10</td><td>驕傲</td><td>$10^{17.5}$</td><td>輕蔑</td></tr>
<tr><td>11</td><td>憤怒</td><td>10^{15}</td><td>憎恨</td></tr>
<tr><td>12</td><td>欲望</td><td>$10^{12.5}$</td><td>渴望</td></tr>
<tr><td>13</td><td>恐懼</td><td>10^{10}</td><td>不安</td><td>異位性皮膚炎或其他皮膚疾病</td></tr>
<tr><td>14</td><td>悲傷</td><td>$10^{7.5}$</td><td>後悔</td><td></td></tr>
<tr><td>15</td><td>無精打采</td><td>10^{5}</td><td>絕望</td><td>憂鬱症或恐慌症等心理疾病</td></tr>
<tr><td>16</td><td>罪惡感</td><td>10^{3}</td><td>責備</td><td>癌症或結締組織疾病等罕病</td></tr>
<tr><td>17</td><td>羞恥</td><td>10^{2}</td><td>屈辱、可悲</td><td>開始考慮自殺</td></tr>
</table>

（取自大衛・霍金斯博士之研究）

我們每個人都有下意識習慣棲身的意識等級。患有疾病的人，日常中意識到自己處於第九級至第十七級的情況並不少見。

例如在癌症患者或結締組織疾病等罕病患者身上，經常能看到他們傾向於羞恥，覺得「這樣的自己好丟臉」（羞恥），或是責備自己（罪惡感），認為「都是自己的錯」。

此外，若罹患憂鬱症或恐慌症等心理疾病，「反正自己做不到」的想法會非常強烈，因無力或絕望導致自己動彈不得。以意識等級來說，屬於第十五級的「無精打采」。

另一方面，心靈力領域意識等級第一級「開悟」到第八級「中立」的階段，正好是在疾病消失的過程中體驗到的意識變化。

比方說，進入心靈力領域的第八個意識等級「中立」，是沒有正負的歸零狀態。以意識形態來說，如同工作上出現差錯時，也會樂觀地想著「嗯，有時候也會這樣啦」。

如果聽到對方說出類似這種話時，大多數都開始往告別疾病的方向前進了。

而且，當意識等級變成第六級「包容」的時候，無論對自己還是他人，或是面對在自己身上發生的事，都能想著「原諒、接受（包容）」。

只要能感覺對方已經原諒所有事時，我就會建議他去醫療機構檢查看看。結果，經常聽到許多「痊癒了」的好消息。

再往上一級到第五級「理性」，不論對自己還是他人，對所有狀況都不會去分辨「好」「壞」，而會變得**直率地接受一切**。

換句話說，無論面對什麼事，都不會再被刻板印象或先入為主的觀念左右。到了這個等級，身體釋放出的能量已經相當壯觀。亦逐漸轉變成不會生病的身體。

講到這裡，相信大家已經能理解，**只要提升霍金斯博士研究的意識等級，就能開始告別疾病**。罹病的人，大多都是習慣身處於外力領域的意識等級。要將這個意識等級慢慢提升到心靈力領域，疾病痊癒的可能性就會變高。

在我說明完意識等級的原理之後，相信不少人仍半信半疑：「自己做得到嗎？」

不過不用擔心，每個人都能將意識等級提升到進入心靈力領域的第八級「中立」，接著，將意識形態帶往容易實現自我生存目的的等級。

為此，必須回想封印已久的生存目的，然後開始行動。

要想起生存目的與真實自我，就得消除封印它們的臆斷與自我形象。

接下來將會解說消除封印的方法。

提升你的意識等級，就能告別疾病！

爲了「它」，我要告別疾病。你的「它」夠明確嗎？

假設，你現在罹患了某種疾病。你會怎麼回答這個問題呢？

「**你是為了什麼想擺脫疾病？**」

這個問題是我必定會問的。

得到的回答大致上都是，「不想因為癌症而死」「因為想擺脫疼痛」「想找回健康的身體」。

可是，這種答案很難讓你告別疾病。

為什麼呢？因為這種回答只是專注在**迴避眼前的生病問題而已**。「總之想把病治好」「無論如何都想讓疾病消失」，僅專注在這之上。

迴避的問題點在於沒有**疾病消失後的計畫**。

再強調一次，疾病是來自偏離真實自我的訊息，告訴我們沒有照著出生時的生存目的生活。

察覺到這個訊息的意義，開始依循生存目的活著，我們才能告別疾病。

對於「你是為了什麼想擺脫疾病？」這個問題，**為了做到「它」，我要告別疾病。這個「它」如果不夠明確，疾病就很難消失**。

要做的事如果不夠明確，大腦也不知道該打造出哪種身體。

就像是明明搭上了計程車，卻沒有告訴司機目的地，這樣就算是方向感再好的司機也會迷路。

相反地，**如果要做的事很明確，而且符合生存目的，大腦就會為了實現這件事開始行動**。因為，大腦原本就具備這種功能。

美國某間大學的大腦科學實驗中，對受試者提問「去年的生日做了什麼」，發現控制身體運動神經的大腦區塊毫無動靜。但是改問「今年的生日想做什麼」，控制身體運動神經的大腦區塊便開始活躍起來。

也就是說，如果將焦點放在過去，身體的運動神經等部位不會有任何變動。可是，若**將焦點放在未來期望的價值上，控制身體運動神經的大腦區塊就會活躍起來，開始打造能取得那個未來的身體**。

所以，必須明確定義為了做到「它」，我要告別疾病。當目標變得明確，大腦會得出為了「它」，必須要有合適的身體狀態的結論，因而恢復健康。

不單是健康，當「這種情報是必須的！」「必須架構出這樣的社會網路」「需要這麼多錢」等都變得明確，大腦會往蒐集或是架構這些東西的方向持續行動。

過程中，或許會有絞盡腦汁也想不到目標的人。

不用擔心，不管是誰都有專屬於自己的生存目的。

有關告別疾病後想做的事，我常請那些「腦袋一片空白」的人慢慢回想小時候的記憶。具體來說，我會問「你以前都玩什麼」「那時候喜歡什麼」「有努力做過哪件事嗎」等，跟對方一起在過去經歷的各種事件或體驗裡尋找「為什麼會發生這件事」的原因。

然後，你會想起自己想做的事，深究想做的事之後，往往會聯想到現在想做的事。

你並不是沒有想做的事，只是它藏在內心極深的地方，連自己都不知道在哪裡。就像把珍藏的東西放在櫃子或抽屜深處，結果連東西的存在都忘記了。

如同之前提到的，封印一定會解開。

用本書介紹的方法解開束縛自己的封印，讓想做的事情或生存目的浮出水面，找回自己原本的人生吧。

想起在告別疾病後想做的事情吧！

第二章

／

改變動腦方式，就不再生病

改變「腦內程式」，阻止引起不適的細胞再生

第一章提到疾病是為了告知我們正在偏離真實自我的訊息。當開始依循與生俱來的生存目的生活，就能告別疾病。

即使這麼說，應該仍有許多人懷疑，「真的能不吃藥、不動手術就擺脫疾病嗎？」

能夠告別疾病的原理絕非不可思議，從身體構造來看都是理所當然的。

我們的身體有所謂的新陳代謝。新陳代謝是指用新的東西持續替換舊的東西。

人類的身體據說是由約六十兆個細胞所構成，其中大部分的細胞都在進行新

陳代謝。

有工作一段時間後完成使命而臨終的細胞，同時也有新的細胞誕生，經常在內臟、血液、骨頭、皮膚或頭髮等身體各部位循環。

新陳代謝的速度會依身體部位有所不同。

例如，胃壁或腸壁細胞新陳代謝的速度大約幾天、皮膚約一個月、肌肉約兩個月、血液（紅血球）約四個月、骨頭約五個月、大腦約一年，才能結束一個循環。

我們的身體依據這個情況，約耗費半年到一年就會重生一次。

也正是因為新陳代謝的構造，我們才能夠擺脫疾病。

所謂「生病」，簡單來說就是體內有引起不適的細胞。既然如此，如果透過新陳代謝，用新細胞替換掉不適的細胞會如何呢？

沒錯，疾病就會消失了。

這就是告別疾病的原理，真的很簡單。

可惜，人體是很複雜的。

以我自己的假說來看，即使消滅了引起不適的細胞，接下來誕生的細胞大多同樣會引起不適。換句話說，引起不適的細胞會持續再生。

結果，無論如何都無法擺脫它……就是這個道理。

為什麼這種引起不適的細胞會一直再生呢？

我認為這是因為**腦內程式（語言型態、思考型態以及大腦對身體發出指令的型態）本身若不進行新陳代謝，就無法引發體內真正的新陳代謝**。

雖然這只是我的假設，不過實際上驗證多位擺脫疾病的案例後，這個假設是非常有說服力的。

以結果來說，**掌握擺脫疾病關鍵的，還是大腦**。

我認為**依據操控大腦的方式，會影響大腦對全身發出的指令，使疾病消失或難以消失**。

究竟，能擺脫或不能擺脫疾病的「動腦方式」是什麼呢？下一節將詳細介紹。

改變動腦方式，改寫引發疾病模式的腦內程式吧！

在「想做」上努力的人，不容易生病

我們的身體分成容易生病跟不容易生病的兩種狀態。

這個道理相當簡單，人若持續「**避免危機模式**」就容易生病。另一方面，人若適度維持「**成長模式**」的話，就不容易生病。

這從身體構造來看也相當明確易懂。

避免危機模式會在遇到覺得「危險！」的情況時出現，是動物與生俱來的反應。

這時，我們通常會為了保護自己而採取「逃跑」或「戰鬥」其中一種反應，身體當然也會進入應對該反應的狀態。

具體來說，血液會開始聚集到肌肉，使肌肉處於能隨時動作的狀態。循環到內臟的血液也會因此減少，使內臟機能下降。如果要舉例的話，就像對內臟說「你得不吃不喝地工作！」一樣。這種情況會讓內臟進入「叛逆」狀態，工作速度開始變慢。

另外，因為要輸送足夠的血液到肌肉，心跳會開始加速，脈搏也會變快。再加上為了使血流順暢，讓血管收縮，於是血壓跟著攀升。

其他像大腦跟神經，也為了能隨時應付各種情況而維持在興奮狀態。

當避免危機模式持續，代表這個狀態已經常態化。不但內臟機能低落，血壓也居高不下，大腦跟神經都不眠不休……

若持續下去，當然會一直消耗身體組織，人就變得容易生病。

另一方面，**成長模式是舒緩緊張的狀態。因為不需要做任何因應危險的準備，不管是肌肉還是內臟的血液循環都相當充足，機能也會變好。**

因為全身都處於放鬆狀態，心跳相當平穩，血管也跟著擴張，血壓恰到好處。全身的血液循環都變好，所以送到各部位的營養跟氧氣也非常充足，對身體來說是非常理想的狀態。適度維持成長模式的話，人就會變得不容易生病。

然而，人比較容易進入避免危機模式還是成長模式，深受「**自我內在的用詞**」和「**動腦習慣**」影響。

也就是說，即使遇到同一件事，根據一個人的「動腦習慣」，會出現進入避免危機模式或成長模式。

那麼，所謂的動腦習慣是什麼呢？

就是「**痛苦系思考**」及「**酬賞系思考**」這兩種思考方式。

痛苦系思考是指在面對各種決定或判斷時，以**避免產生不安、恐懼、厭惡、生氣等負面情緒為標準**來動腦的習慣。

舉例來說，「不想被罵所以準時」「不想被討厭所以做些讓對方開心的事」「不想被拋棄所以盡可能參加活動」「不想變窮所以認真工作」等。

當人在用「一定得做」「必須做」這種語句時，即是屬於痛苦系思考。

此外，考慮到金錢時，也會啟動大腦的痛苦系思考。因此，若平常就為錢不安或有金錢方面的困擾，大腦的痛苦系思考便會持續動作。

為什麼處於痛苦系思考時容易進入避免危機模式呢？因為這時候運用的大腦部位，是負責處理對自己來說痛苦的情報部位（痛苦系）。該部位活動時會分泌皮質醇、睪固酮和正腎上腺素的腦內化學物質。

睪固酮是男性荷爾蒙的一種，以**促進攻擊性或競爭心**的作用聞名。正腎上腺素則是在**覺察到危險時**會分泌的物質。

遇到痛苦時，我們的身體會開始選擇「要逃跑？」還是「要戰鬥？」來應對。此時會分泌這些腦內化學物質，讓血液集中到肌肉，使身體進入避免危機模式。

另一方面，酬賞系思考是將「我想得到」的想法視為第一順位，受到這種想法刺激而做出各種決定或判斷的動腦習慣。

例如，抱著「想透過自己的工作貢獻世界」「想展示活用自身感性的藝術作品，為世界帶來刺激」「想藉由自己的經驗，讓有同樣煩惱的人有所啟示」等想法行動時，就是受到酬賞系思考影響的狀態。

也就是依循原本的生存目的生活的狀態。

這時候的大腦，是由名為酬賞系的大腦部位，來負責處理有關對自己來說開心、快樂或有趣的事等情報。

酬賞系思考時會分泌多巴胺、血清素和催產素等腦內化學物質。

多巴胺也被稱為**幹勁荷爾蒙**或**快樂荷爾蒙**等，促使我們有意識地去著手某件事。

血清素因為有振奮內心的作用，被稱為**幸福荷爾蒙**。現在已知，憂鬱症患者的血清素分泌量會變少。

催產素是近年非常受矚目的腦內化學物質，又被稱為**愛情荷爾蒙**，能讓人更信賴他人，使人際關係變得更加圓滑。

順帶一提，最近發現催產素在大腦痛苦系思考要開始活動時，會「阻止」身體發出訊號。

因此，只要體內分泌催產素，即使面對有壓力的事情，也不會緊繃地去抗拒，反而會覺得「嗯，人生也會發生這種事啦」，有彈性地去接受這個狀況。

這些腦內化學物質分泌的時候，身體是處於成長模式。血液充分循環到全身上下，內臟跟器官都做好正常運轉的準備。這樣不但不容易生病，也變得能輕易擺脫疾病。

總之，若**養成痛苦系思考的習慣，會變得容易生病。相反地，養成酬賞系思考的習慣，疾病就會很難靠近你**。

思考習慣並非與生俱來，所以不論什麼年紀都能改變。無論是誰都能除去痛苦系思考的習慣，轉換為酬賞系思考。

重點是要察覺到束縛你的臆斷與自我形象，並消除它們。

因為這些正是讓你深陷痛苦系思考的原因。

將動腦方式轉換為以「想做」為標準的酬賞系思考！

所謂現實，只是你的擅自臆斷

我們每個人都有各種臆斷與自我形象。

比方說，「人生不會照預期發展」「做什麼事都要努力不然不會成功」「無法輕鬆賺錢」等臆斷。

以及「我是笨蛋」「我很弱小」「我很孤獨」「我只是個小咖」「我無能為力」「我沒能力又沒錢，不可能實現那個夢想」等自我形象。

聽到這些發言時，我總是能感覺到**這些臆斷跟自我形象全都不是事實**。

即使如此，我們還是會將它當作事實並深信不疑，甚至被這些想法束縛，陷入痛苦系思考中。

為什麼會這樣呢？我認為大多是因為現實中，明明沒有這些臆斷和自我形象，我們卻**誤以為它們是真的**。

將這些理解為現實之後，就會把它們認知為有形的事物。若有「人生不盡如人意」這種臆斷，現實即會在腦中具象化。

恐怖之處在於，這種形象只要在腦中出現過一次，生活就會往這樣的現實邁進。

若有「人生不盡如人意」的臆斷，我們的人生就會變成以此為前提；有著「我是笨蛋」的自我形象，就會以笨蛋的身分活著。

更恐怖的是，現實會依照符合這種臆斷跟自我形象的方向發展。

深信「人生不盡如人意」，即使事情進行得很順利，也會因為人生不可能如意的想法，下意識選擇讓事情無法順利進行的行動。

結果覺得自己都遇到不如意的事，並開始相信這就是「事實」。

假如有「我是弱者」的自我形象，會自動出現「我是很弱的人，所以身體也要很弱才行！我得吃些對身體不好的東西！」的反應，結果身體真的越變越弱。

另外，若有「我很孤獨」的自我形象，就會出現「因為我很孤獨，所以得讓我喜歡的人從眼前消失！跟身邊的朋友也要大吵一番漸行漸遠，一定要變得孤獨！」的反應，結果真的漸漸變得孤獨了。

以成功哲學相關著作聞名的拿破崙．希爾的名作《想法會成為現實》（中文版書名為《思考致富》），標題所述正是事實。

不過這個事實，**只是自己任意營造出的現實**而已。

世上的所有事物，在人類認知到「它的存在」前都不存在。因為腦中有著A臆斷或是B自我形象，所以A或B才存在。反過來說，若沒有這種臆斷或自我形象，對我們來說這些東西都不存在。

為了讓對方察覺到這件事，我會在詢問大家的臆斷或自我形象後，提出以下這些問題：

「人生不盡如人意的證據或事實在哪裡呢？」

「無法輕鬆賺錢的證據或事實在哪裡呢？」

「我是笨蛋的證據或事實在哪裡呢？」

「我很孤獨的證據或事實在哪裡呢？」

「我只是個小咖的證據或事實在哪裡呢？」

面對這些疑問，大多數的人會開始列舉各種證據向我證明，「這就是事實」。

此時，我會這樣回答：

「可是，**會這麼想的只有你自己**吧？」

結果就是如此。

察覺到，並放開擅自決定的臆斷或自我形象，即能從痛苦系思考的習慣抽身。接著，不知不覺就擺脫疾病了。

你的臆斷如果是擅自決定又毫無根據的想法，就拋棄它吧！

告別疾病的三步驟：察覺、原諒、實踐

若要擺脫疾病，拋棄至今的臆斷或自我形象雖然是重要關鍵，但三言兩語就能簡單做到的人少之又少。

當然，也有人光是察覺到一點點，就能瞬間拋棄那些臆斷與自我形象。

另一方面，也有人的想法實在太根深柢固，單靠一點點或是些微的覺察仍不見動靜。

即使如此，並不代表絕對無法拋棄。請放心，無論是誰都能消除臆斷或自我形象。

拋棄的方法，照以下三個步驟進行。

①**察覺**到內心那些觸發疾病的臆斷和自我形象。

↓

②分析這些臆斷和自我形象為什麼一直存在，對有過這些臆斷和自我形象的自己負責，**原諒**自己。

↓

③決心以真正的自己活著，思考象徵真正自我的行動，接著在日常生活中**實踐**。

無論是哪種臆斷和自我形象，如果察覺不到就無法浮出表面。然而，連自己都沒察覺到這些存在就這樣活著的話，會繼續從潛意識及更深層的後設無意識（汲取外部情報時的一種「形態」。情報被加工成符合該形態的樣式，所以若不改變形態就難以引起變化）啟動痛苦系思考。

就拿某位女性為案例來看吧。

她是療癒他人的療癒師，非常受到歡迎，過著一年三百六十五天全年無休、持續工作的生活。當她發現罹患大腸癌後，開始上我的課。

我先問她：「為什麼要工作到這種程度？」她回答：「因為客人開心我也很開心。」

在她的答案背後，我感受到她有使自己變成痛苦系思考的臆斷，所以多問了幾個問題。

接著，她察覺到自己有「我是孤單一個人」的臆斷，而且有負面看待這件事的自我存在。

所以她覺得，為了讓人待在自己身邊，要持續讓別人開心才行，就一直不眠不休地工作。

像這樣，**表面上看起來是正面思考，其實暗藏著啟動痛苦系思考的負面臆斷及自我形象的人**相當多。

從別的角度來看，這種複雜又根深柢固的臆斷及自我形象一直糾纏著我們。

所以要在第一步驟抽絲剝繭，仔細找出它們的存在。

察覺到這些臆斷及自我形象後，不要對此有任何想法，也不要試圖解決，只要**原諒深信著這些臆斷及自我形象的自己**。

以剛剛的例子來說，就以下面這段話來原諒自己。

我一直深信自己是「孤單的人」。

我要對有這種臆斷的自己負責。

然後，原諒有這種臆斷的自己。

到此為止！

從現在開始，我是〇〇〇的人。

藉由說出「到此為止！」這句話，讓臆斷和自我形象成為過去。

區分現在的自己以及被這些東西束縛的自己。

像這樣，把臆斷和自我形象一次攤在陽光下之後，什麼都不做，放著就好。如此，它們就會開始消失。

當然，若臆斷和自我形象太過根深柢固，即使挖出一、兩次也不一定會消失。遇到這種情況，就得去處理它們。處理的方法有很多（本書第三章後半部會再次說明），此後，它們便真正不復存在。

最後一步是決心以真正的自己活著，並且採取行動。

換句話說，選擇一直以來找各種藉口逃避、**依循原本生存目的的生活方式**。

這件事需要一定的覺悟，因為是原本一直用「做不到」來逃避至今的事。

但請放心，只要一步步走下去，每個人都能依循原本的生存目的前進。

為了讓每位讀者都能實現這個理想，第三章將說明三步驟的具體做法。

察覺到臆斷和自我形象的錯誤後，只需原諒它！

第三章

／

發現「還沒原諒的自己」

發現還沒原諒的自己，接受他

第二章說過造成疾病的一大因素，在於束縛一個人的臆斷與自我形象，還有製造出這些臆斷與自我形象的動腦方式。

比方說，罹患子宮肌瘤、卵巢瘤或子宮頸癌等婦科疾病時，若去探究罹病背後的原因，會發現不少人有著「想贏過男性，絕不想輸」的想法，或是**否定自身女性性別**的情況。

因為要在這世上活下去，她們覺得身為女性相當不利，所以為了捨棄身為女性的性別，讓大腦開始往對女性生殖器官有害的方向行動。

結果，有關子宮等器官的婦科疾病變得越來越常出現。

另外，雖然不是疾病，但是當案例不孕或是多次懷孕流產時，探究內心深處後會發現否定女性性別的人相當多。

這個現象常出現在身處競爭激烈的商場女性身上。拚命做著跟男性對等的工作時，下意識察知懷孕生產會對工作不利，所以開始避免讓自己懷孕。

有個我強烈認為能清楚顯示否定自身女性性別與婦科疾病發病相關的數據，那就是子宮頸癌發病率的走向。

九〇年代之後，日本國內子宮頸癌有增加趨向，急遽的明顯增長是從九〇年代後半開始。這時正好跟一九九七年修正了一九八六年施行的男女雇用機會均等法的時期重疊。

修法後，女性變得能在工作時間外及假日工作，也能深夜加班等。女性越來越能站在與男性對等的立場工作。

整頓好工作環境後，開始急遽增加的就是子宮頸癌。

造成這種現象的背後因素，我只能猜想是因為，「想在以男性為中心的工作環境裡生存並贏過他們，身為女性其實很不利」，而否定身為女性的性別、全心投入工作的女性變多了。

而造成「想勝過男性，絕對不想輸」這種心態的根本原因，不少是因為在剛出生或年幼時，曾從父母或是祖父母那裡聽到「老實說，本來想要的是男孩」「女生不能繼承家業」等言論，或是母親曾說過「我們家爸爸薪水很少，又很邋遢」一般否定父親的發言等。

此外，在罹患結締組織疾病（免疫系統攻擊自己的自體免疫疾病總稱）或是葛瑞夫茲氏病（甲狀腺素過度分泌引起的自體免疫疾病）等難以根治的罕病患者身上，時常見到「**我是弱者**」的自我形象。

這種自我形象強烈的人，無法原諒自己的念頭也非常強，容易為了成為強者而努力不懈，因此出現選擇罹患罕病當作手段的情況。

被稱為罕病的疾病，大多是發病原因不明，或是療法尚不明確，導致無法判斷何時能痊癒。而且，許多疾病都是病徵緩緩發展，視情況可能一輩子都得與痛苦的狀況奮鬥下去。

因此，若從相當壞心眼的角度來看，會得出「跟那種麻煩的『敵人』一直纏鬥的〇〇真的好厲害！」的評價。換句話說，罕病變成省事且快速強調自己是強者的手段。

相反地，如果罕病痊癒的話，就會失去證明「我是強者」的手段。因此，罕病也常被說容易拖很久。

身為發病開關的臆斷跟自我形象，對我們的影響極大。

實際上，東方醫學自古以來就有所謂「這個疾病背後有這種心理因素」的看法，以身心彼此相關為前提，研究各種疾病至今。

在更深究這種臆斷及自我形象與疾病之間的關係時，會發現有個**還沒被原諒的自己**。

例如，由於想勝過男性的想法或是否定女性性別，引起婦科疾病發病的背後原因，應該還包括無法原諒身為女性的自己。因為無法原諒，所以造成大腦開始朝破壞性徵的子宮等女性生殖器的方向運作。

為了證明自己是強者去選擇罹患罕病這個手段的背後原因，是因為無法容忍自己軟弱的念頭過於強烈。

所以，大腦開始往徹底攻擊軟弱的自己行動，引發難以治療的罕病。

相反地，如果察覺到無法原諒自己的緣由，接納且開始原諒這個還沒被原諒的自己，大腦便會朝放棄攻擊的方向行動。

若想告別疾病，或是擁有不生病的身體，最終就是要做到接納還沒被原諒的自己，然後漸漸原諒。

要做到這件事，首先必須得發現**還沒原諒哪種自己**。

線索就是現在束縛著你的臆斷跟自我形象。藉由深究抱持這些想法的背景和來龍去脈，就能拋棄這些臆斷和自我形象。

本章前半段會介紹察覺臆斷及自我形象的方法，後半段則會介紹拋開這些想法的方法。

發現心裡「還沒原諒的自己」！

折磨你的，是製造臆斷的自我規則

在人的各種臆斷中，最難解又纏人的說不定是「應該這麼做，不應該那樣」的想法。

像是「應該要聽父母的話」「要好好遵守約定」「一定要坦率」「不可以想著輕鬆賺錢」等。

大部分的臆斷，對本人來說已經成為「**自己的規則**」。

因此，即使對自己以外的人來說無所謂的事，也常會誤解那是萬人必須遵從的「世界準則」。

導致我們很難去察覺這些想法都是自己的臆斷。

那麼，要怎麼做才能發現如此頑固又纏人的東西，單純只是自己的臆斷呢？

其中一個方法，就是從每天的遣詞用字找出它們。

具體來說，確認自己是在哪種情況下使用「應該」「不應該」「一定要」「不能」等說法。

仔細注意說話習慣後，會察覺自己比預期中更常在各種場合用到「應該」這個詞。

如果同時觀察自己的行動，則會發現在各種情況下都會被這些說法制約。

因為「應該要聽父母的話」的臆斷，放棄了想做的事情；因為「一定要坦率」的臆斷，無法順利和對手一較高下，最後得不到想要的東西。

這些看起來只是小事，但日積月累也會讓自己逐漸背離真正的生存目的。

還有另一個方法，就是把內心出現的負面情緒視為線索。

因為煩躁、憤怒、不安、恐懼、疲累、寂寞等負面情緒，都是由於其他人或自己違反了內心「應該這麼做，不應該那樣」的標準才出現的。

比方說，在車站排隊等電車，結果上車時突然有人插隊，就會覺得煩躁。這時候，這個煩躁的情緒，背後或許就是基於「插隊是狡猾的行為。狡猾不可原諒，踏實努力的人才能有回報」的標準才出現。

然而，這也只是「應該這麼做，不應該那樣」的自我臆斷而已。

實際上，有很多人不覺得插隊很狡猾，甚至有很多文化裡沒有排隊的習慣。

來說個我自己的親身經歷吧。

以前，我聽到朋友用股票當日沖銷交易賺錢感到非常煩躁。

我開始探究自己為什麼會這麼煩躁，結果察覺自己有「錢應該是要努力賺」的臆斷，所以對這位看起來不需努力就賺進大把鈔票的朋友感到煩躁。

發現的瞬間，這種因臆斷而煩躁的行為突然變得很蠢。

實際上，有很多人在得到某樣東西時完全不費吹灰之力。而且，世上有很多不需努力就能賺錢的方法，不需要特地用「一定得努力」來束縛自己。

只要不違法，無論用什麼方法來賺取必要的收入都沒問題。

我放下心中「錢應該要努力賺」的臆斷。有趣的是，日後我的收入竟然比之前還多。

自己認為的標準，在大部分情況下對其他人來說根本連規則都不是。

然而，卻被自己特有的規則束縛，無法往原本的生存目的前進，陷入折磨自己的狀況。

這個狀態持續放置不理的話，必定會生病。

這時，日常生活中的說話習慣及負面情緒，能幫助你察覺折磨自己的特有規則。

發現這些習慣或情緒後，不要置之不理。將這些當成線索，找出心裡的「應該這麼做，不應該那樣」，然後重新審視需不需要繼續將這件事放心上。

這樣一來，就能簡單地掙脫容易發病的痛苦系思考，開始轉變成不容易生病的身體。

將遣詞用字及負面情緒視為契機，

重新審視你的「規則」吧！

積極的正面自我形象背後，潛藏著「不被愛的自己」

接下來，看看如何發現折磨自己、同時又是發病開關的自我形象吧。

「討厭○○的自己。」無論程度深淺，這應該是每個人都想過的。比方說「討厭優柔寡斷的自己」「討厭計較小事的自己」「想丟掉容易生氣的自己」等。

另一方面，還有連自己都幾乎沒發現的自我形象。

這些自我形象就潛藏在正面志向、目標或使命感等想法之中。

像是「想協助他人」「想幫助有困擾的人」「想對世界有所貢獻」之類。

其實這些正面自我形象的背後，不乏隱藏著「我是個糟糕的人」「我不被任何人所愛」「這世界不需要我」等負面的自我形象。

而且，會擔心害怕負面的自己無法在社會上生存。

正因如此，才想透過協助他人、幫助有困擾的人、對世界做出貢獻等行為，讓自己被社會接納。

這是由於自己的自我形象過低，才偽裝成胸懷正面志向、目標及使命感，以此視為社會生存的戰略。

我將這個狀態稱為「**看似正面的負面**」。

看似正面的負面，恐怖的地方在於當你越正面想著「想做」，越會默默增強負面的自我形象。

這正是所謂光與影的關係。

光明面越強，陰影面就越濃。

越正面努力，反倒越增強「我是個糟糕的人」「我不被任何人所愛」「這世界不需要我」的負面自我形象。

結果，讓「我這種人很沒用」的想法越來越強。然後，為了避免這種狀態的自己出現，更拚命協助別人、去幫助有困擾的人、為世界貢獻。

到底要怎麼做才能發現看似正面的「想做」背後，潛藏的負面自我形象呢？在覺得「想做」的時候，必去反問自己：「這真的是打從心底感到開心，跟生存目的有關的事情嗎？還是為了避免不好的情況發生呢？」反問後發現那個「想做」，只是為了避免某件事的話，當然最好不要做。

再來，也可以去探究想法深處的負面自我形象。

「為什麼想協助別人？」

「因為想讓別人開心。」

「為什麼想讓別人開心？」

「因為感覺自己被認同，很開心。」

「為什麼想獲得別人的認同？」

「因為自己不認同自己？也就是說，我可能覺得『現在的自己很糟糕』『現在這樣還不夠』……」

像這樣持續反問，就能在某個瞬間察覺想法深處的負面自我形象。

只要察覺這一點，主導權就能回到自己手上。

接下來，就剩下領會**這個「自我形象」只是擅自製造出來的幻影而已**。

反覆問自己，去深究「想做」的理由。

不被愛的匱乏感，使人過度「自我磨練」

折磨自己又毫不意外地使自己發病的負面自我形象，不只藏在正面志向、目標及使命感背後，也會潛藏在正面行動的深處。

舉例來說，積極去考證照、投注精力在賺錢或賺取名聲上、不顧一切持續增加知識跟情報等。

深究這些**看來在「磨練自己」的正面行動，往往會發現背後藏著負面的自我形象**。

當中很常出現的是，「我不被人所愛」的自我形象。

「沒有人愛我，是因為我少了些什麼」，所以為了填補這個匱乏感，便執著於增進專業能力或美容。

另外，也有人會擅自認為「沒有人愛的我，得一個人活下去才行」，而幫自己準備必須的「武器」，努力考證照、花大錢美容等，過度磨練自己。

無論是前述哪種人，都是「這樣下去可能無法生存」的想法太強烈，被這種動機刺激後開始「自我磨練」。

這種磨練沒有感受「喜悅」的餘地，絕大多數都是被「一定得」的義務逼著行動。

這樣下去，痛苦系思考會全力運作，使身體經常處於避免危機模式。一直維持這種狀態，不生病才奇怪，因為幾乎沒有讓自己休息的從容。

例如，觀察二〇一五年某位因膽管癌去世的女演員（編按：二〇一五年因膽管癌去世的日本女星為川島直美）生前的言行舉止後，只覺得或許她逼迫自己鍛鍊的傾向相當強烈。

我讀過週刊介紹她生前的報導，她的言行便讓我有這種感覺。

讓人特別在意的是她常常掛在嘴邊的這句話：「我必須二十四小時維持身為

女演員的自己。」

換句話說，包含私人場合在內，她都努力維持「身為女演員」的形象。

分析背後原因的話，或許是因為她強烈認為不能以真正的自己在這世上生存。

為了躲開這分恐懼，才二十四小時徹底扮演女演員。

這是壓力相當大的狀態。

我唯一能判斷的是，或許是這個強烈的臆斷及自我形象，促使她罹患膽管癌。

當然我完全沒見過她，只能從公開的言論等方向去推測，可是依我近三十年的心理培訓師經驗，完全能類推出原因。

實際上，我的客戶裡也有不少類似的案例。

考多張證照等奮力精進自己，也很留意美容方面的事，在旁人看來活得非常積極正向，卻罹患癌症等疾病。

在一起探究為什麼會發病的原因之後，許多人發現自我形象中有「我不被人所愛」的形象。

可是，「我不被人所愛」的自我形象都只是幻影，完全是自以為。

「我不被人所愛」的自我形象，絕大多數跟零到一歲時與父母的關係息息相關。

很多人因小時候沒有從父母那裡得到充分的愛情等記憶為開端，致使自己發病。

因此，想消除這個形象的話，必須改寫記憶。這不是件簡單的事。

但是話說回來，改寫記憶絕非不可能。關於改寫的方法將在第六章說明。

「我不被人所愛」是否潛藏在你的自我形象中呢？

扭曲的自我形象會形成負面的「人生前提」

每個人都有所謂的「人生前提」。

說是各自所認為「人生就是這樣」的看法也行。例如有人覺得人生充滿有趣的事，也有人覺得人生充滿痛苦。

這個人生前提，因人而異。若有十個人，就會有十種人生前提。

更有趣的是，**人生正是照著那個人的人生前提發展**。

如果人生前提是人生充滿有趣的事，就會接連發生有趣的事。

另一方面，若人生前提是人生充滿痛苦的話，就會接連發生痛苦的事。

為什麼會這樣呢？

簡單來說，人會覺得除了人生前提之外的事都不存在，所以沒辦法思考前提以外的狀況。

因此，**不可能會發生人生前提以外的事**。

比方說，若有人的人生前提是「錢必須是努力賺來的」，對他來說「輕鬆賺錢」就很不可理喻，所以想不到輕鬆賺錢這個點子。

因此「努力賺錢」成為他的基本行動模式，要是偶然遇到能輕鬆賺錢的機會，還會感到羞愧及罪惡感，覺得「我是不是在做壞事」。

或者，如果人生前提是「人生非勝即敗」，就無法想像出雙贏的狀況，人生會變得時常都在跟人競爭。

當然，**人生前提沒有「對」與「錯」**。

不過，我發現容易生病的人有個共通的人生前提。

那就是「人生不盡如人意」「人生盡是苦」等前提。人生若照這種前提發展，必定只會被負面情緒折磨。

在這種情況下，痛苦系思考會經常全力運作，身體一直處於避免危機模式。若狀態持續，身體會慢慢被侵蝕，變得容易生病也理所當然。

想知道自己的人生前提究竟屬於哪種，就要**探究所有的臆斷跟自我形象**。更確切來說，臆斷和自我形象與人生前提之間的關係幾乎相等。

擅自認為「應該這麼做」的話，它就會變成人生前提，有著「我是～」的自我形象，並以它為底形塑出人生前提。

請試著運用本書介紹的方法，探究你的人生前提吧。

如果是只會衍生負面情緒的人生前提，就去改變它。

改變人生前提，人生本身的走向也會改變！

捨棄負面的「解釋癖」

從這節開始，要來了解如何拋棄折磨你的臆斷及自我形象。

每個人都有截然不同的臆斷及自我形象，若要解釋這些到底是怎麼生成的，最後都會回歸到「**過去的記憶**」。

像是小時候，每當自己表達意見說「我是這麼想的」，父母都會斥責：「明明只是個小孩，別這麼傲慢！」漸漸就會形成「不可以表達個人意見」的臆斷。

或是小時候開心唱歌時，被父母說「你真的很不會唱歌耶」，之後就形成「我不會唱歌」的自我形象，不再在人前歌唱。

臆斷跟自我形象是在這種情況下，以某件事物為契機被製造出來的。

而那些契機，絕大部分是**某個人說的話**。

說出那些話的人，具體來說，會是父母、學校老師、朋友或是鄰居，甚至是電視上出現的名人。

由於不小心用「被這樣說的自己很糟糕」去闡釋那些話，折磨自己的臆斷跟負面自我形象就這樣誕生。

說到這裡，有沒有察覺到某個重點呢？

沒錯，**將周遭人說的話解釋成負面評價的人，並非別人，正是自己**。

實際上，即使是同樣一句話，解釋也因人而異。

有人會正面看待，也有人負面解讀。當然也有不以正負面去看待，只當作事實的人。

不管是臆斷還是自我形象，都**只是自己對周遭人說的話擅自做出的解釋**。也就是說，它僅存於腦中，不是這個世界的真相，不是事實，也不是常識，更不是規則。

要拋棄折磨自己的臆斷及自我形象，就要察覺到那些解釋都是「自以為」，發現這點才是最重要的。

我經常為了讓人察覺到那些解釋都是自以為，而鍥而不捨地問：「這些臆斷跟自我形象存在的證據在哪裡？」

人們大致上會在某個時間點發現沒有證據，由衷接受這些單純只是自己做出的解釋。

舉例來說，有個罹患全身性紅斑性狼瘡這種罕病的三十幾歲女性。

紅斑性狼瘡是原本要防禦外敵保護自身的免疫系統開始攻擊自己的一種自體免疫疾病，會引起內臟或皮膚等全身各部位發炎。

目前醫學上沒有明確的療法，只能用藥控制免疫系統來抑止症狀。

包含這位女性在內，許多受紅斑性狼瘡所苦的人都有個共通點，就是非常**傾向於徹底否定自己**。

時常說「這樣的我很糟糕」，來持續責備自己。

自責傾向強的人，非常具代表性的象徵就是罹患紅斑性狼瘡這種攻擊自己的免疫系統疾病，**思考習慣會直接以疾病的形式顯現**。

這位女性曾是個自責傾向相當強的人。她頗有藝術才華，但或許是因為這樣，從小就常常被說「跟別人不一樣」「有點怪」。

其中也有取笑她的人，藉由這種經歷，她將這些解釋成「與眾不同是壞事」，而去責備不能跟周遭人做出相同行動的自己，

最後應該就是這樣的想法，讓她罹患紅斑性狼瘡。

她要擺脫疾病，需要的是移除心裡「與眾不同是壞事」的解釋。實際上，正是因為她跟其他人不一樣，才能發揮藝術長才。

她在上過一次課就察覺到這件事，並說：「我從小就一直以為與眾不同是件壞事，到底在想什麼啊我。」

當然，只憑一次的發現或許不能完全去除臆斷。在某個瞬間，臆斷可能又會突然露臉，畢竟是長年以來的習慣。

可是，即使如此也不要責備自己。想著「啊，臆斷又出現了」，告訴自己「這只是臆斷，又不是事實」，帶過去就好。

不少人像這樣，反覆幾次後就能從臆斷中解脫，同時告別疾病。

這位女性雖然花了約一年，但幾乎已完全痊癒，現在正一邊觀察，一邊在日常生活中習慣健康的動腦方式。

我有時候會請對方在找出成為契機的那句話後，直接對說出那句話的人表達自己的想法，藉此擺脫臆斷或自我形象。假如是父母，就請他直接對父母說出自己的想法：「那時候因為媽媽說了這句話，讓我很受傷。」

不過，當事人在說出感受後常聽到的回答是：「咦，我說過這句話嗎？」說出那句話的人根本不記得。

很多人就是透過這種哭笑不得的沮喪體驗，來擺脫折磨自己的臆斷及自我形象。

過去的記憶其實沒什麼大不了。**只是你用自己的方式去解釋來自周遭的發言及舉動，並為此所苦**而已。

想重返自由，現在就去**面對過去的記憶**，面對造成臆斷及自我形象的原因，然後確認這個解釋對現在的你而言是否恰當，如果不適當就**重新解釋它**。

這就是朝向原本生存目的生活的第一步。

所謂自我形象，只是你用自以為的解釋去理解他人講的話罷了！

越是受周圍左右的人，越容易生病

判斷事物或做決定時的思考模式，會依**外在標準**及**內在標準**有所區隔。

所謂外在標準，是依自己以外的周遭意見、情報或數據等，來判斷會不會順利或是要不要做。

而內在標準，是心裡有明確的判斷標準，不被周圍左右，自己判斷會不會順利或是要不要做。

介紹一個能清楚了解兩者差異的寓言故事。

那就是《伊索寓言》裡的〈龜兔賽跑〉。這是敘述跑很快的兔子跟速度慢的烏龜比賽，結果烏龜贏了的故事。

兔子認為「我即使睡午覺也能輕鬆贏烏龜啦！」，看扁烏龜，沉溺於優越之中，是兔子最大的目的。這個想法正符合外在標準的生活方式。

另一方面，烏龜雖然心情上「想贏兔子」，但是更在乎抵達終點。不管動作慢或其他問題，總之不受兔子干擾，一心一意以自己的步調朝終點邁進。這就是符合內在標準的生活方式。

到目前為止，我發覺當**外在標準的動腦方式變得較強時，人就容易生病**。

若過於重視外在標準，會變得不得不配合周遭的情報去輕蔑自己。一心照著外在標準過活，開始遵從父母、遵從學校老師、遵從上司、遵從朋友、遵從伴侶、遵從小孩……生活完全失去自我。在這種情況下，根本不是照自己本來的生存目的而活。

結果，身體逐漸被侵蝕。

不只如此。

照外在標準生活，會依外界的反應、與他人的比較，來判斷自己是否順利。被稱讚或是獲勝時雖然覺得心安，但是被批評或失敗時的壓力也會相當大。

無論是外界評價還是與他人比較，都沒有所謂絕對的結果，時時都在變化。因此「被批評的話怎麼辦？」「輸了的話怎麼辦？」之類的不安或恐懼會經常纏身。

在外在標準的情況下，容易將外界單純的資訊解釋成批評。

例如談生意時，合作廠商說「最近，對於如何增加貴公司商品的銷量傷透腦筋呢」，明明這只是那個人以自己的價值觀說出來的話，自己卻解釋成「我被批評了，我被取笑了」，結果，在心中留下被踐踏般的傷痕。

另一方面，在內在標準的情況下，會將對方說的話解釋為單純的資訊及回饋，不會當成批評。他們會回應：「是的，最近為了銷量停滯不前煩惱。不過，從現在開始會扳回一城的。」以此帶過話題，完全不會傷害到自己。

我認為要讓自己變得不生病，以內在標準生活是很重要的。

在心中有明確的標準，基於那個標準來判斷所有事物。雖然會聽取外界的意見，不過不會因此左右自己的判斷。

「**我是我，你是你**」，不害怕去劃清界線，就是這種生活方式。

這種生活方式或許會被認為是「自私」「任性」「我行我素」等，可是個人立場就是要堅守到這種程度才不容易生病。

當然，一直都以外在標準活到現在的人，要馬上切換成內在標準的思考模式絕對不簡單。

但只要多加練習，一定能轉變成內在標準的生活方式。

首先要做的，是時常自問「我想怎麼做？」來傾聽自己的意見。

此外，感覺快要用外在標準來判斷事物時，試著去意識自己與外界之間的界線，明確區別出「那是△△的意見。我的意見是〇〇」。

允許自己「**活出自己**」。

在重複這些行為的過程中，就能不受周圍左右，找回往原本「生存目的」生活的自己。

劃清自己與周圍的界線，一心朝終點前進！

透過自問痛苦經歷的意義，找出「生存目的」

為折磨自己的臆斷或是負面自我形象感到痛苦的時候，心裡會覺得無法原諒自己。

無法原諒得不到預期結果的自己、無法原諒畏懼他人的自己等等。

再加上當你逐漸回溯過去的記憶，找出形成臆斷或自我形象的契機時，也會喚醒無法原諒折磨自己的人的心情。

無法原諒父親說「你不可能做得到這件事」，不認同自己；無法原諒老師沒有保護在學校被霸凌的自己等等。

想擺脫臆斷及自我形象，重獲自由，就是要**原諒自己、他人跟過往的事**。

只不過，原諒並不像說起來那麼簡單。即使腦中想著「要原諒」，身體也很難去接受。

可是，保持現在這樣就好，不需要強逼自己去「原諒」。

更精確來說，不要去努力原諒。去努力只會變成「假裝樂觀的人」，因為「一定要樂觀」的臆斷而拚命假裝。

這樣一來，明明好不容易想擺脫臆斷重獲自由，卻整個本末倒置。

各位要做的不是在這件事上耗費無謂的能量，而是**思考從過去到現在，包含生病在內，發生的所有事情及遇見的人，對你的人生來說，「是為了學到什麼，或是為了察覺到什麼才存在的？它有什麼意義？」**

人生中只會發生必要的事，只會跟必要的人相遇。

就算是疾病、意外、挫折、討厭的人等看起來負面的事情，對自己來說一定有某種意義。當然，正面的事也一樣。

「因為需要察覺到什麼，所以才有了這個體驗」，試著去尋找、察覺那個意義，再從事件上學習才是最重要的。

沒有「下」的概念，「上」的概念就不存在；沒有「右」的概念，「左」的概念就不存在。

同理，沒有「問」，就沒有「答」。

問自己：「這個體驗對我來說有什麼意義呢？」大腦就會自動尋找答案。正因為大腦具備這項功能，才能藉此得出各種答案。

更有趣的是，它會牽動過去的記憶，就像一整串地瓜般環環相扣，一個接一個回想起來。

換句話說，大腦會開始調整過去的各種記憶。

其實這是個相當重大的作業，讓我們察覺到自己本來的生存目的。

原先散落各處的過往記憶，在慢慢連接的過程中，會逐漸看清共通的課題。

若將人生比喻為一門「課程」，記憶共通的課題就是要透過這門課程學習。我們會開始了解過去、現在以及未來的經驗，全都是為了學習這個課題才發生的。

然後透過這個課題，我們可以釐清原有的生存目的。開始察覺：「**我是為了達成這件事才誕生在這世上的。**」

接著，發現自己經歷過的所有事不只是「因為需要才發生」，而是「**為了達成目的，刻意去選擇的**」。

換句話說，看待事物的角度，開始從被動的狀態轉換成主動選擇。

抵達這個階段後，動腦方式會產生巨大的變化。

痛苦系思考會完全銷聲匿跡，取而代之的是酬賞系思考站出來開始運作。不再為了避開某件事物來判斷或行動（痛苦系思考），而是逐漸轉變成**為了達成某件事才去判斷或行動**（酬賞系思考）。

人類在朝原本的生存目的行動時，能實際體驗到活著的感覺，而且會覺得非常幸福。在這個狀態下，腦內的酬賞系思考開始運作，分泌促發幹勁的多巴胺、讓人感到幸福的血清素，以及感受到愛時會分泌的催產素等腦內化學物質。

尤其是感受愛時分泌的催產素，能妨礙痛苦系思考對身體發令，使其難以動作。

開始分泌這些腦內化學物質後，**人會變得能接受身上發生的所有事以及遇見的各種人，並慢慢開始原諒**。

接受且原諒那些痛苦的經驗，以及折磨自己的人。

而且，不需要刻意讓自己「去原諒」，也能自然地接受一切，甚至說出「託它的福，才有現在的我。謝謝」等充滿感謝的話。

這是一位罹患乳癌的女性的例子。

她的母親是個非常自私的人，即使是自己的小孩也很討厭她。當然，她本身也非常討厭媽媽。

因此，當媽媽被判定為需要照護時，沒有任何人想去照顧。乳癌患者的姊妹們用「自己也生病」等各種理由，最後將責任推給當時還很健康的她。

結果她在精神和身體上都開始出現問題。

她對外是個非常用心，責任感很強的人。所以即使是極度厭惡的媽媽，也完全不馬虎，盡力將所有事做到最好。持續這種生活後，她發現自己罹患了乳癌。

我請她去探究自己**究竟要從極度厭惡的媽媽身上學到什麼**。

更仔細來說，是請她探究為什麼在人生中，特意選了這位極度厭惡的母親。

然後，她發現自己搞不好是藉由母親，來學會欠缺的遲鈍。

她對於外在狀況非常敏感，會留意著周遭大小事。也就是說，她傾向於外在標準的程度非常強，因此每天都活得很辛苦。

從她的角度來看，媽媽即使被孩子多次惡言相向也完全不在意，這種遲鈍，正是她想學會的能力。

在她重新審視與媽媽之間的關係時，她發現了這件事。

「不管周遭怎麼說，其實都無所謂。不受周圍左右，說出自己的意見。原來我是需要從媽媽身上學會這種生活方式啊。」

察覺到這件事之後，她對待媽媽的態度有了一百八十度的大轉變。以往完全聽從強勢的媽媽，現在卻能好好說出自己的意見。

一直以來被媽媽呼來喚去的生活為之一變，重新找回了自己。

另一方面，隨著這個改變，病情也出現了變化。沒想到，乳癌竟然消失了。

順帶一提，**有關自己身上發生的事或是所有遇見的人，只要開始感覺「是自己特意選擇的」之後，即使發生什麼都不會動搖**。

不過，在遭遇意外的那一刻，情緒波動還是會相當大，覺得焦急、不安、煩躁。但是再也不會在這些事上糾結過久，能冷靜接受整個情況：「反正，這些都是有必要才發生的事。」

況。

如此，便不會再輕易進入避免危機模式，能經常保持放鬆狀態去對應任何狀況。

我認為這種動腦方式的變化，最後就會促使疾病消失。

即使狀況再怎麼嚴苛，持續自問：「對我來說，它的意義為何？」就能脫離被動狀態。

第四章

／

依循原本的「生存目的」活下去！

「做得到・做不到」與「做・不做」之間的巨大差異

擺脫至今一直束縛自己的臆斷及自我形象之後，總算要進入朝原本「生存目的」生活的階段。

可是即使腦中這麼想，卻有不少人很難踏出最初的一步。

「我沒有那麼多錢，還是不行……」

「我沒有能說服家人的自信。」

「如果不順利的話就太丟臉了。」

「現在工作很忙，等到一個段落再說吧。」

像這樣容易找藉口逃避，不去實現原本活著的目的。

這是身為人類理當會有的反應。

因為人，更精確來說是，**生命基本上不希望出現變化**。

這是源自「體內恆定」這個機制的結果。

它是包含人類在內的生命體都具備的特性，作用是讓生命體在各種環境變化之下，得以時常維持在相同狀態。

生命體在時時刻刻持續變化的環境中，必須保持自我生存下去。體內恆定就是為了在適應環境的情況下，也能保持一定的狀態而發展出的能力。

由於這個特性，讓我們害怕變化。這就是所謂的生存本能，也是為了生存才有的必要反應，所以不要去責備「改變不了」的自己。

不過，如果想要遠離生病或不適的狀態，**消除對變化的恐懼是很重要的**。

如果你已經生病，代表現在的你即是引起疾病的原因。不立刻脫胎換骨，就沒辦法告別疾病。

想遠離疾病，必須認真做好接受變化的覺悟。然後，踏出以全新的自己（更準確來說，本來的自己）生活的第一步。

人會不會改變，其實差異在於「做」與「不做」。

找了好多藉口遲遲不去改變的人，無論遇到什麼事，大多傾向於用「做得到．做不到」來判斷。

面對生存目的這件事，也用「我做得到嗎？可以嗎？」的標準去摸索答案。

這個傾向也會出現在言談之中，習慣講「做得到．做不到」，或是帶有類似含意的說法。本節開頭介紹的藉口正好是個好例子。

基本上，用「做得到．做不到」來判斷，會衍生出害怕失敗的恐懼。畢竟，失敗會威脅到現有的安定。

在聽到周遭人保證不會失敗之前，遲遲無法前進。

這時候，自己的「想做」或「不想做」就變成其次。

這種狀態下的「做得到・做不到」，容易讓人陷入符合外在標準的思考迴路，被周遭意見左右。

另一方面，不畏懼變化往前進的人，幾乎不會說「做得到・做不到」等言論。更精確來說，是變得不再說這種話了。

不去找各種藉口，**憑著「想做，所以去做」「不想做，所以不做」的判斷標準，接二連三地行動**。

這是符合內在標準的思考迴路，跟第三章介紹的〈龜兔賽跑〉中的思考迴路相同（參照93頁）。

不管他人說了什麼，都照自己的意志去決定所有事，繼續往前行動。

這時候，「做得到・做不到」跟「成功・失敗」就變成其次。

對於能前進的人來說，最重要的是「想做」「不想做」的自我意志，他們只聚焦在這點。

實際進行後，可能會失敗或是停滯。以內在標準行動的人，會思考這個失敗或停滯，對人生來說有什麼意義。

因為**人生終究只會發生必要的事**。

然後經由這一連串的作業，他們開始往以生存目的生活的過程學習。

這種思考迴路，讓他們覺得失敗一點都不恐怖。

看見了本來的生存目的，剩下的只有「做」與「不做」。

「做得到．做不到」已經無所謂，一切只跟「想做，所以去做」「不想做，所以不做」有關。

你現在著手的是認真想做的事嗎？

想做的話，現在立刻跨出最初的一步吧。

不要找藉口，靠「想做，所以去做」行動吧！

一步步模擬逐漸改變的自己

前一節提到，想擺脫疾病或不適狀態，就不要害怕改變現在的自己。

但是，人類原本就是害怕變化的生物。由於體內恆定機制作用，當人想改變的時候，大腦會無意識去阻擋或是企圖恢復原狀。

就像鐘擺運動一樣，急遽的激烈變化會引起急遽的激烈反彈。

這個現象用節食來比喻應該很容易理解。

勉強自己一口氣減輕體重後，隨之而來的復胖也會相當嚴重。視情況，體重可能復胖到比節食前更重。

決心擺脫疾病或不適，即使一定得改變自己，也最好不要試著一鼓作氣去改變所有事。

究竟要怎麼做才能不引起反彈，又能確實變化呢？

關於這方面，我推薦「量尺問句」這個方法。

簡單來說是一種先想像可能發生的事態，再用大腦和身體模擬應對的方法。跟運動選手在比賽前進行的「意象訓練」相近，也跟避難演習很像。

具體做法如下。

先訂定零分到十分的量尺。完全沒變化的狀態是「零分」，相反地，完全改變的狀態就是「十分」。

然後每當分數逐漸從一分、兩分、三分增加時（也就是逐漸變化時），去想像自己或周遭人會出現哪些改變。

比方說，完全擺脫疾病、找回健康的狀態定為滿分「十分」，改善程度以一分為計分單位的話，「自己的身體會變成什麼狀態？」「生活會出現哪些變化？」「工作狀況會變得如何？」「家人的態度會有什麼不同？」「人際關係會變怎樣？」等，盡量詢問自己各種問題，想像出現變化時可能會引起的各種改變。

另外，「量尺問句」最重要的不是單純去想像可能發生的事，而是**模擬面對狀況時的應對方法**，做好準備。

例如，可能有人想刻意讓開始改變的你走回原路，面對這個狀況，應該怎麼應對才好呢？要從回覆對方的內容、態度到動作都具體做好準備。

一般來說，人不擅長應對自己沒有做好準備的事。事先做好準備的話，處理時會意外地順利。準備，果然非常重要。

持續這種模擬練習之後，人會漸漸出現有趣的變化。

他們開始率直地接受**「變成滿分十分的自己」就是平常的自己**，然後以這樣的自己來行動。

藉由持續模擬如何應對改變引起的事態，就能抹去腦中對變化的恐懼。此外，模擬與現實中的差距也會逐漸消失。

最後在腦中順利打造出由衷接受變化的態度，接受轉變成滿分的自己。因為大腦已透過模擬具備這種功能。

人類會害怕看不到結果的事物，覺得很危險。相反地，只要某種程度上能明確掌握接下來的發展，就不會覺得危險，也不會感到恐怖。

對於往原本的生存目的生活這件事，也不再以「做得到．做不到」的態度去面對，轉為思考「做．不做」後，更能往前邁進。

以這種生活方式過活的狀態，是找回健康的關鍵。

我進行量尺問句時雖然是以零分到十分為標準，但是個人執行時不需要劃分得這麼仔細也沒問題。

零分到五分也可以。在過程中，試著享受逐漸改變的自己。

一鼓作氣去改變的話，反彈也會很激烈。

細分變化之後，好好享受吧！

開始接受自己的事由自己決定

前一節曾提到周遭人會因為你正在改變，出現企圖讓你恢復原貌的反應。

這股能量是相當驚人的。實際上，就有無法抵抗他人的反應，因此放棄改變的人。

特別是一直以來傾向於用外在標準判斷事物的人，放棄改變的機率就越高。

原本，**人類不單是害怕自己改變，也會害怕周遭人有所變化**。因為當身邊的人開始變化，自己也會受到餘波影響。

一直以來都跟自己一起搗蛋的朋友，突然想充實自我，開始準備國外研究所的入學考。

單身的朋友開始積極找對象。

以為跟自己一樣運動量不足的同事開始慢跑。

大學時的同屆友人開始創業自立公司。

同期進公司的同事升職了。

朋友開始很有精神地參加志工活動。

當身邊的某個人開始變化後，人就會有所動搖。

「我這樣下去沒問題嗎？」感到著急或是不安，覺得只有自己一個人被留在原地……

無論是有意還是無意，人會想恢復原本安定的狀態，開始阻止對方的變化，並運用各種方法，將對方拉回原本的狀態。

如果是自己開始改變的話，當你較傾向於以外在標準判斷事物，就容易被周圍的行動牽著走。屈服於企圖阻止變化的周遭壓力，放棄改變自己。

這樣一來，就無法遠離疾病。

這時，試著實行前一節介紹的量尺問句吧。

預想周遭人一定會阻止自己，提前準備應對的方法。

當然，在周遭人的阻止行為中，一定有意料之外的行動。

可能會讓你的反應顯得手忙腳亂。

但就算手忙腳亂也沒關係，即使當場沒辦法好好回應，冷靜下來之後告訴自己「那是○○的想法，不是我的」，好好區分出對方的價值觀跟自己的價值觀。

換句話說，用內在標準去應對。

重要的是自己逐漸在變化。即使一時反應不過來，只要好好堅持改變的自己就好。

這樣做之後，你的標準思考迴路會變成內在標準，而不是外在標準。

也就是成為**所有事都自己決定的人**。

「我想怎麼做？」「我想變哪種人？」等，始終以自己的內在標準去思考、決定與行動。

如果你至今都以外在標準活到現在，可能會覺得做決定很難。

這時，希望你能從人生中非常珍惜的事情裡，找出且釐清屬於自己的定義，並把這件事培養成習慣。比方說關於「自由」「愛」或「成功」等，用「對我來說這是～的狀態」來定義。

不要用一般市售辭典裡寫的解釋去定義每一件事，**透過「對我來說」的定義去完成名為自己的辭典**。隨著辭典的誕生，自己也會變得越來越能下決定。

其中，也會出現排斥以內在標準生活的人。不過，**若想擺脫疾病，就得對以內在標準生活的自己網開一面**。

有個透過接受以內在標準生活，順利告別疾病的案例。

異位性皮膚炎就像正在被外在標準束縛、折磨自己的象徵，容易在這種狀態下出現。

我強烈感受到異位性皮膚炎的患者因為自認為的自我形象跟周遭人想的不

同，而覺得很痛苦。

雖然心裡有自己的形象，但是對這個形象是否正確感到沒自信。又因為沒自信，容易被周遭人所認定的形象動搖，「真正的我明明是這樣，但是周遭人卻不願意理解我」，內心不斷掙扎。

身為內外邊界的皮膚，可能是為了表現出內在與外在之間的糾結，而開始出現皮膚炎的症狀。

接下來介紹的案例是個女孩，她也正好是這種狀態。

當時小學五年級的她，臉上跟身上都出現異位性皮膚炎的症狀。在學校常常因此被恥笑，所以開始抗拒上學。

這時她媽媽開始參加我的研討會，再試著將學到的運用在女兒身上。

她使用的技巧是「對話」，細心地詢問女兒不想去學校的理由。

女兒一開始不太願意說真心話。可是，媽媽的態度相當堅持，表示「媽媽不是在責怪妳不去學校喔。只是想知道，是什麼事情讓妳這麼痛苦」，鍥而不捨地追問。

然後，女兒終於開始一點一點地透露不想上學的理由。

原因就是因為異位性皮膚炎。

因為異位性皮膚炎，她一直被同學嘲笑或是在背後說壞話，讓她難過到不想上學。

媽媽察覺到外人的無心之談，或許不只令女兒抗拒上學，可能也是女兒罹患異位性皮膚炎的原因。

因此媽媽對女兒說，「那些只是○○的意見，不是妳的意見對吧」，整理出外在標準跟內在標準。

這個過程讓她花了好幾個小時，持續說明：「妳覺得自己是這樣。不管其他人怎麼想，那都是那個人的意見。用『也有這麼想的人啊～』不理那些意見就好。妳只要維持原來的妳就好。」

結果一週後，女兒全身的異位性皮膚炎都消失了，而且也重新開始上學。

習慣用外在標準去決定事物的話，容易認為他人的意見非常重要。搞不好還會擅自認為「那是百分之百正確的意見」。

接著，對周遭人說的話變得敏感，並經常為此苦惱。

另一方面，以內在標準生活的人，只是將周遭意見視為大量情報中的其中之一。

用「這個人，是有這種想法的人。跟我的想法不合耶～」完結它，然後不再受影響。

能做到這點，是因為明確劃出自己與他人之間的界線。

更重要的也是因為開始接受自己，「我的事我自己決定」。

不將人生交給父母、伴侶、上司、朋友或小孩等他人，允許自己來控制自己的人生。

更精準地說，是做好覺悟了。

當然，不需要勉強自己一下子轉變成內在標準。

如果勉強，有些人會因為體內恆定機制，出現非常激烈的反彈。

就照前面提過活用量尺問句的方法，慢慢習慣以內在標準來決定事物吧。

「這是A的意見，不是我的意見」，用內在標準就能控制人生。

不再害怕表達自己的想法

開始以內在標準來做決定之後，自然而然地會變得能好好表達自己的想法或看法。

這種轉變也是理所當然，畢竟要以「我的事情我決定」的態度活下去。

有趣的是，當你能夠自然展現自我後，病情也會跟著好轉。

每次實際看到這種情況發生時，我都會更深切感覺到，所謂**疾病就是無法以言語對外表達，或是沒有照自己的標準生活，導致這些轉變為各式各樣的症狀呈現出來**。

從相反的角度來看，生病這件事是在對父母、伴侶、小孩、朋友、公司、這世界，還有自己表達「沒說出口的話」「我壓抑自己一直在忍耐。我放棄做想做的事」。

我大多時間都是跟對方一起探索，「沒說出口的話」或是「我壓抑自己一直在忍耐。我放棄做想做的事」。

其實我本身也曾因為這些「沒說出口的話」「我壓抑自己一直在忍耐。我放棄做想做的事」，而導致發病的經驗。這個經驗使我開始從事現在這個協助大家擺脫疾病或不適的工作。

那是我二十出頭時發生的事。

當時，我在日本某家外商子公司工作。那間公司負責在日本舉辦由華納·艾哈德開發的自我啟發研討會「艾哈德培訓」。這個培訓曾於一九七〇年代在美國蔚為風潮。

順帶一提，華納·艾哈德是將「變革」這個概念介紹給美國社會，為自我啟發領域帶來極大影響的人。

這間公司當時以勞動條件嚴苛聞名。實際上進公司之後，一年三百六十五天都過著毫無休假、從早工作到晚的生活。

因此，絕大多數人進公司都撐不到一個月就離職，也正因如此，我抱著要做滿兩年契約的覺悟。

可是，在進公司約一年半的時候，我開始發燒不退，吃感冒藥也沒用，有時候還燒到四十度。接著脖子也開始痛，扁桃腺還腫了起來，甚至開始咳嗽。

我跑到大醫院看醫生，卻找不到原因。即使拿了退燒藥跟藥用漱口液回家，病情卻一直沒改善，甚至只要沒有用雙手支撐就站不起來。因此我跑到另一間大醫院求診，仔細檢查身體之後，終於釐清自己罹患了黴漿菌肺炎。

由於這個疾病會傳染，所以立即辦理住院。

住院時，日本子公司的社長來到病房。

我以為他可能會說「沒事嗎？」之類慰問的話，結果社長開口的第一句話是：「你有什麼沒說出口的嗎？」

我雖然很驚訝，但也回答：「我沒有什麼沒說的事啊……」然後社長告訴我：「**人會將明明說出來就能解決的事用身體來表達**。」

換句話說，我罹患徽漿菌肺炎這個疾病的背後原因，是因為我有「沒說出口的事」。

聽到這句話，我覺得「我騙不了這個人」，所以率直地將心情說出口：「請讓我休息。」

沒錯，我很想休息。雖然我想作勢說出：「我跟那些一個月就辭職的傢伙不一樣。在這個嚴苛的職場，我一定會做滿兩年！」但其實內心是想休息的。

然後，這些內心發出來的吶喊，便化作疾病現身。

聽了這句話之後，社長只說「以後這種事請用嘴巴好好說出來」就離開病房了。

這經驗對我來說衝擊相當大。

人會為了得到想要的東西，讓自己生病，連命都拚上了。

實際上，我也因為罹患徽漿菌肺炎，以住院的形式讓自己「休息」。

我親自深刻感受到人的想法，原來力量這麼強大。因為無法說出自己的想法，所以才用生病這個手段去表現。

相反地，如果可以用言語說出想法，就沒必要用生病這個手段，特地拚上性命來表達。

事實上，對社長說出「請讓我休息」之後，我恢復的速度快到讓人跌破眼鏡。

剛住院的時候，我的右肺完全受損，一般來說幾乎無法存活。

醫師估計需要住院半年，但我竟然一個月後就出院了。我的恢復力也讓醫生相當驚訝，甚至跟我說「你的生命力太奇怪了」。

想真正擺脫疾病，就要毫不畏懼地說出自己的想法及情緒。

做不到這件事，就無法告別疾病。

對至今一直壓抑自己的人來說，一開始可能需要勇氣。這時就用量尺問句來重複模擬情境吧。

這樣一來，大腦會告訴你，「**表現出自己，一點都不恐怖喔。**」

話若不說出口，很難將想法傳達給對方。

雖然「心有靈犀」這句話表示不需言明就能彼此理解，但這種溝通方式能順利的例子極少。

即使是親子或夫妻等非常緊密的關係，若不溝通也無法理解彼此。

為了朝原本的生存目的生活，必須要透過言語來溝通。經由言語，開創前進的道路。

這個做法其實也跟不生病的生活方式息息相關。

想擺脫疾病，就好好說出自己的想法！

思考在現代實現原本生存目的的方法

有人雖然知道本來的生存目的，卻撞上名為「該如何將目的與收入結合」的高牆。

要以原本的生存目的去生活，並不代表要靠那個目的「來賺錢」。

例如，察覺「我還沒放棄成為漫畫家的夢想」時，並不是一定要努力把漫畫家當作職業，也可以把畫漫畫當興趣就好。

實際上，我的客戶也大多是從事其他職業，同時透過興趣或人生志向去實現生存目的。

比如說某位曾罹患白血病的男性。

他從小就想從事製作工藝品或藝術品等藝術活動。

只不過家裡經營的是蔬果店，他又是長男，加上店裡有不少以前就常光顧的老顧客。為了不麻煩到老顧客，他自己也覺得應該要繼承蔬果店，最後決定放棄夢想，繼承家業。

之後，他經營蔬果店也快四十年，某天卻突然發現罹患了白血病。

第一次看到他，我有「這個人好不像生意人」的印象。因為他的服裝品味很好，整體氛圍怎麼看都像從事藝術相關的工作。

實際聊過幾句之後，感覺他從小就對藝術領域非常有興趣，也能夠理解他為什麼會有這種氛圍。

他也發現自己的疾病是「還沒放棄從事藝術活動」的表現。

特別是白血病這種與血液相關的疾病，背後原因經常是因為「人生中沒有任何喜悅」的想法特別強烈。

以他的情況來說，因為「其實很想成為藝術家，也想做藝術相關的工作。可是，覺得應該要繼承家業，所以放棄了藝術家的路」，讓他深感人生中沒有任何喜悅。

為了擺脫疾病，他只能去實現深藏已久的想法。

「如果把店收起來，客人會很困擾。」他非常有責任感，無論如何都無法下定決心收掉蔬果店，朝自己的生存目的生活。

此時，我建議他可以繼續經營家中蔬果店，同時打造能發揮藝術才能的空間。

提出這個建議後，我們之後對談主要都在摸索實行的具體方法。

然後大約過了七個月，他成功告別了白血病。

像這樣繼續至今從事的職業，同時去實現生存目的也完全沒問題。

另一方面，將生存目的與收入結合也絕非不可能。

絞盡腦汁應該能找到不少藉由生存目的獲取相對酬勞的點子。

現在這個時代，只要活用網路，即使沒有龐大資金也能簡單經營個人小生意。

例如我的客戶中就有目的是「我身為音樂人，希望能透過音樂讓聽眾找到內心真正的自己」，然後將之視為生意經營，年收數千萬日圓的人；還有目的是「我經由疾病，找回了真正的自己。所以想幫助同樣為病所苦的人」，之後開始創業擔任教練與諮商師，結果年收超過五千萬日圓的人等。

認真想把生存目的當工作的話，徹底構思出商業化的方法就好。只要有「即使花錢也想買」的人在，一定可以做成生意。

另一方面，如果夢想現在絕對不可能實現的話，我會建議你去找出夢想「背後更深的欲望」是什麼。

比方說，如果你想成為漫畫家，就問自己：「為什麼想成為漫畫家？」

接著，「因為喜歡惹人笑」或是「因為喜歡構思故事」等，夢想背後的想法就會跑出來。

問題並不會在這裡就結束，還要更進一步去深掘答案。「你想藉由惹人笑來得到什麼？」「你想藉由構思故事來得到什麼？」

像這樣徹底探究之後，就能找出本來的生存目的。得知目的後，便剩下思考如何把它商業化。

舉例來說，罹患罕病的醫師察覺到「我不是只想治好病，我想幫助病人改變生活方式」，所以減少平時的門診時間，大幅增加諮商時間。他藉著成為「不用藥或化學療法的醫師」，改變生活方式，讓自己不再生病。

此外，還有罹患癌症的教師，發現「我並不是想成為學校老師，而是想告訴更多人，人類原本就是自由的」，之後決定開始擔任諮商師，並以此為契機，順利告別癌症。

像這樣一點一點實現真正想做的事，不少人會在熱中的過程中，忘記自己有病在身。

之後再到醫院做身體檢查，結果通常病情都會開始變好，視情況還可能早已成功遠離疾病。

相反地，放棄改變，決定跟以往一樣配合社會生活的話，往往很難擺脫疾病。

或是即使成功痊癒，也會再度生病。

很難將生存目的當工作的話，就去思考當興趣的方法吧！

排演各種狀態來自由替換「自己」

開始朝原本的生存目的生活之後，人生就會一帆風順嗎？其實並不然，還是一樣會遇到各種難題。

但是跟至今不同的是，只要跨過這個難題，就能離實現生存目的更進一步。**人生只會發生必要的事**。經由跨越那座高牆，你又學到了一個人生中應學的東西。

所以，即使跨越高牆這件事很痛苦，大腦變得活躍的也不會是痛苦系，而是酬賞系的區塊。（詳見46頁）

酬賞系思考活躍，意味著**大腦在追求快樂**。

此時會適量分泌出被稱為幹勁荷爾蒙的多巴胺，或被稱為幸福荷爾蒙的血清素等腦內化學物質，讓身心都能自由。

即使面對同一種難受的狀況，卻跟以往陷入痛苦系思考、身心進入避免危機模式的情況大不相同。

並且，高牆也可能因此變低。

方法非常簡單。只要配合各種狀況去換上適合的「自己」就好。

在商業場合例如需要簡報、交涉或招待的時候，或是在私生活中跟戀人見面的時候，又或是跟朋友玩的時候等，去思考在各種場合要變成哪種狀態才會比較順利，哪種狀態才能開心度過，然後替換成那個狀態的自己。

當場合不同時，現場聚集的人或氛圍也會改變。

我想分享有趣的小故事。

這是從一位相當照顧我的加拿大籍研討會講師那裡聽來的，是他去希臘舉辦研討會時發生的事。

就像在美國或加拿大辦研討會一樣，他在登場時很興奮地說著：「耶！大家，是不是很興奮啊！」結果會場卻一片寂靜。

之後繼續興奮講解的他，發現聽眾不但沒反應，甚至還開始卻步。若是在美國或加拿大，一定能炒熱現場氣氛，但是在希臘卻行不通。

中場休息的時候，他問了希臘場的負責人「為什麼會這樣？」，對方回答：「老師，在希臘不能這樣做。人們會認為『這個人感覺有什麼企圖』。我們的文化就是這樣。」

這段經驗讓他學到很重要的事。

他想透過研討會來告訴全世界一些事情，但傳達方式必須很靈活，能時常順應各種文化才行。

察覺到這點之後，他舉辦研討會時會非常留意是否順應各種文化。

我所謂的「替換自己」正是這麼一回事。

面對眼前的高牆，去選擇最容易跨越這面牆的「自己」。就像配合時間、地點、場合去選擇服裝一樣，選擇適合那個場合的自己。

我用「跟自己身邊的事或是世上發生的事共舞」來表達這種感覺。需要舞伴的舞蹈，去配合對方的動作是非常重要的。對方做了這個動作，自己也要配合他。

朝生存目的生活的時候，這種臨機應變和彈性十分重要。

說到這裡，經常有人問我：「這不會跟放棄配合周遭人的外在標準思考，改用內在標準生活相矛盾嗎？」

絕對不矛盾。

話說回來，即使同樣都是去配合現場狀況，被外在標準耍得團團轉的自己，跟朝生存目的生活的自己，運用的大腦區塊完全不一樣。

重點在於前者用的是痛苦系思考，後者則是酬賞系思考。

還有，無論如何，前者的行動始終是被動，但後者是照自己的意志去行動。**靠自己的意志變化出各式各樣的自己。**

實際體驗就會理解，這兩者在體內留下的感覺完全不同。所以不需要害怕，視場合替換「自己」吧。

另外，雖然說是替換，也有人覺得沒辦法化身這麼多的自己。要解決這個煩惱，先前提到的量尺問句就能派上用場。

首先將最自然的自己放在正中間，然後畫出「陰鬱―開朗」「隨便―一板一眼」「神經質―自由奔放」「急性子―慢郎中」等各種軸線，再用各軸線上的刻度去想像這時的自己會變怎樣。

像是：「會被周遭人說陰沉、個性超黑暗的自己，是哪種感覺？」「有點陰鬱的自己呢？」「不開朗也不陰鬱的自己咧？」「有點開朗的自己呢？」「超級開朗的自己呢？」

想像後，練習像演員一樣飾演那個自己。

不需要在人前表演，請在房間裡試著飾演各種狀態的自己。

像這樣模擬又排演各式各樣的自己，適合該場合的自己就會自然跑出來。

能配合狀況有彈性地去調整「在這裡，就用冷靜的自己待著吧」「有點嗨的自己比較好嗎」「飾演爽朗的自己吧」等。

這也是人類擴展能力範圍的一種方法。

能替換各種自己後，會使自我形象這種東西變得毫無意義。

不被「我是〇〇」的固定形象束縛，就能自由轉換各式各樣的自己。

盡量替換成適合該場合的「自己」！

用「布偶裝技巧」加速實現生存目的

前面介紹過配合各種狀況替換「自己」的方法。

變化的基礎終究是現在的自己。這個方法是在能想像到的範圍內，找出更多樣化的自己。

另一方面，應該不少人都有憧憬的對象。一想到憧憬的對象會覺得，「想跟那個人一樣，可是不管再怎麼努力，好像都無法變成他」。

對自己來說，那便是模範。

若是想「徹底成為那個人」的話，已經不是替換的等級，需要變成完全不同的自己。

當然，有實現的方法。

我將這方法稱為「布偶裝技巧」。

具體來說，想像自己穿上模範對象的布偶裝，然後在那個狀態下做簡報、交涉、舉辦研討會、處理日常業務、做家事、享受私生活等。

運用這個方法來成為自己憧憬的人，變成跟現在的自己幾乎不同的人。

只要化身成憧憬的對象，現在的自己多少要花點時間或勞力處理的事，也可能一下子就解決。

藉由成為完全不同的人，讓「生存目的」加速前進。

當我有想達成的目標時，也很常用布偶裝技巧。

例如以前曾套用過賈伯斯的布偶裝。

理由相當簡單。因為我指派給自己「消除對網路的抗拒感」的任務。

當時的我別說臉書了，就連公司的官網都沒有，客戶也勸了我好多次「架個網站比較好」。

可是，我對網路非常不拿手，「總覺得很棘手……」猶豫不已，陷入了「做得到．做不到」的思考狀態。另一方面，考慮到客戶方便與否的話，架網站一定最好，在推廣我所做的事情上也非常有用。

所以，我下定決心要架網站！

但是，用現在的自己來處理的話，事情無法一下子有進度。

因此我開始思考「對網路很強的人是……」，靈光一閃想到的就是賈伯斯。

那一刻，就是我借用賈伯斯布偶裝技巧的開始。

運用此方法時，我會先想像賈伯斯在發表新商品的情景。

重點在於，憧憬的人的形象只要是自己覺得「應該是這樣」就可以了。不需要去了解那個人真正的模樣。從頭到尾只要專注在自己憧憬的部分，然後想像。

接著，讓自己以導演的立場對想像中的人下指令。像這個情況就拜託，「賈伯斯先生，請做這個動作」「請用這種說法」。

調整成理想中的賈伯斯之後，將它化為布偶裝。想像自己拉開背後的拉鍊穿上它的模樣。

這時要改變視角，就像自己在布偶裝裡看著四周。然後以這個狀態，去參加先前提到的新商品發表會。

不需要發出聲音或擺出動作，從頭到尾在腦中想像就好（如果房間裡沒有其他人，化身成賈伯斯實際擺擺動作也不錯）。

重複這個想像好幾次後，我的身上開始出現有趣的變化。

雖然有關網路的事我還是什麼都沒開始著手，但不知不覺間開始自然地說出「我網路很強」的話，同時心裡不再出現「不擅長網路」或「網路很麻煩」之類的想法。

因為透過布偶裝技巧，改變了我會用的詞彙。

就這樣，我對網路的抗拒感完全消失，之後設立了官網。

而且在我開始考慮用臉書貼文宣傳的時候，偶然得知有指導臉書活用法的培訓課程，於是就報名參加了。過沒多久，臉書就成為我商務上不可或缺的工具。

布偶裝技巧厲害的地方是，透過穿著憧憬對象的布偶裝，自己的目標、憧憬的想法或價值觀會一下子烙印在腦海中。

結果，改變了心中的語言。

不管是口語表達還是內在語言，都改變了。

在接下來的第五章也會詳細介紹，每天使用的詞彙相當重要，甚至會左右一個人的生活方式。

實際上，臆斷跟自我形象也都是由詞彙構成。

它有時會束縛人，阻礙我們朝生存目的前進，也會接連引發疾病。

平時使用的詞彙，就是這麼重要。

布偶裝技巧有著能改變心中言語的力量。

這個技巧也是重大契機，能讓自己轉向「自我期望」的方向前進。

請大家務必將此技巧視為日常習慣。

穿著憧憬對象的布偶裝，言語也會跟著改變！

第五章

／

改掉使用的詞彙，就能順利告別疾病

大腦的行動都是爲了把你說的話變成「事實」

你每天使用的詞彙有哪些呢？

你有意識過這件事嗎？

如果沒有，請務必趁著閱讀本書的機會，培養意識這件事的習慣。

因為根據每天使用的詞彙，會大幅改變你的人生。

每天使用的詞彙，對人生就是這麼重要。

例如臆斷及自我形象。

這些也是來自於每天使用的詞彙。

一個人的現實情況，由臆斷或自我形象形成。

經常在腦中的臆斷及自我形象，總是變成碎碎唸或自言自語頻繁現身。

據說，人一天會在心裡自言自語碎唸約五萬個單字。

光是重複這些字，臆斷及自我形象就會越來越強。**反覆的同時，自己也會開始覺得這些好像是事實**。

而且，**大腦也會為了證明這是事實而拚命工作**。

正因為大腦的行動，我們的意識也會只專注在那些能作為證明的事物，並做出可以證明的選擇、決定及行動。

當一年三百六十五天、全年無休持續這些行為，即使它們不是事實，自己也會開始認定「這就是事實」。

結果，臆斷跟自我形象就逐漸變成現實。

例如，有時候我會遇到即使持續回診，病況卻遲遲不見改善的人。

仔細聽這些人說的話，發現他們大致上會在某個時間點不經意說出「啊，還是治不好」「果然還是好不了」。

會不經意吐露這種話，是因為在這個人的心中有著「反正我治不好」的臆斷。

即使表面上看起來想治好病，也努力接受治療，但心裡某處有這種臆斷的話，病還是很難痊癒。

這是因為大腦會朝治不好的方向行動，來證明病好不了。

那麼，該怎麼做才能掙脫臆斷及自我形象，不再讓它們引發疾病或是妨礙我們呢？答案很簡單。

當你說出引發疾病或是拖延病情的詞彙時，立刻注意到它，然後不再說那些話就好。

不使用這些詞彙，就不會再加強臆斷或自我形象，當然也不會使它們變成現實。

第五章的前半段會介紹拖延病情的詞彙；後半段則會介紹能讓身體不再生病

的說法。

不再說「治不好」！

「治好病」，病情就會拖越久

在前一節提到很難消除疾病的詞彙時，曾舉「治不好」當例子。其實別說「治不好病」了，連「治療」這個詞都可能會拖延病情。

很多人聽到都非常驚訝，這也是當然。

大概每個人生病時一定至少說過一次「治療」這個詞吧。連我自己在察覺到這句話的危險性前都在使用。

究竟為什麼這個詞會拖延病情呢？

因為**只要持續說著「治好病」，大腦就會反覆進行「製造疾病來治療」的作業**。

當你在說「治好病」的時候，大腦會認知到「現在交給我的工作是『治好病』」。大腦對「我」這個主人非常忠誠，會拚命執行治好病的作業。

另一方面，對大腦來說卻也無論如何都想避免治好病。

因為治好病後，大腦就無法執行「我」囑咐的治好病作業。

由於大腦對「我」的指令過於忠誠，致使它開始執行製造疾病的作業。

換句話說，**只要你繼續使用「治好病」這句話，就會一直反覆發生「治好病就製造疾病，製造疾病後再治療，治好後再製造……」的情況**。

這樣下去，無論如何都無法告別疾病。

其中，一定有人會說「絕對要治好病！」，用「絕對要」之類的話表示意志的堅定。跟「治好病」比起來，這種說法只是更難擺脫疾病。

因為光是「絕對要」這句話，就多了「治病原本就是件困難的事」的前提。

然後大腦為了證明這件事，會讓疾病變得更難治好。

不只如此，因為治好病就沒事做了，所以別說治病，甚至會繼續執行「製造很難治好的病」的作業。

我認為「治好病」是考慮到未來、很有建設性的一個願望，也是所有人都會脫口而出的一句話。但是，實際情況卻與這意圖相左，反而讓大腦營造出很難治好病的狀態。

其實這個原理也適用於「告別疾病」這說法。

因為這句話聚焦在「從這個狀態改變」的變化過程。

大腦的工作就會變成持續執行這個過程，然後為了達成任務繼續製造疾病。

究竟該怎麼做才能不落入這種狀態呢？

不是絕對不要說「治好病」「告別疾病」這種話，講這些話是沒問題的。

但不要單獨使用它，要說「**我是為了~要告別疾病**」，跟未來告別疾病後的狀態一起使用。

這種說法能讓整句話的焦點放在**告別疾病後的未來**，然後大腦要執行的作業會變成治好病（告別疾病）後去實現的未來。

環。

如此一來，就能脫離「為了治好病就製造疾病，製造後才能治好」的負面循環。

不說「治好病」，

改用「我是為了～要告別疾病」的說法！

不視疾病爲敵去對抗，要「面對」

第一章提過要區分能擺脫疾病的人跟不能擺脫疾病的人，就得看對方是否視疾病為敵。

能告別疾病的人，不會把疾病看成是敵人。

或是，**剛開始即使看成敵人，也會慢慢察覺到疾病是因為「現在的自己」的需求才會出現，接著與它和解，坦然接受它帶來的訊息。**

跟著這個過程發展，就能逐漸告別疾病。

而視疾病為敵的話，無論如何都無法痊癒。視情況搞不好還會惡化。

要判斷自己是否視疾病為敵，光靠有沒有說這句話就能判斷。

那句話就是「與疾病奮戰」。

所謂奮戰，前提就是把對手當敵人。
換句話說，視疾病為敵，拚命和它戰鬥。
只要繼續說這句話，就很難擺脫疾病。
最大的理由就是因為「奮戰」，會讓大腦進入避免危機模式。

不管怎樣就是要奮戰。
這狀態就像戰場中的戰士。
因為疾病這個看不見的敵人在瞄準自己，何時會被襲擊也不知道。這可是攸關性命的大事，所以得時常戒備。
一直處於一觸即發的緊張狀態。
大腦進入避免危機模式後，會引起身體各處不適。
為了在敵人襲擊時能立刻逃跑或反擊，所以把血液集中在肌肉。

結果，內臟的血液循環不足，使機能低落。肌肉則因血液充分循環使心臟更活躍，血液很有氣勢地流往血管，血壓也跟著上升。

若這種身體狀態一直持續，當然很難痊癒。為了不陷入這種狀態，就不要視疾病為敵。要立刻停止說「與疾病奮戰」。

疾病不是我們要對戰的存在，它是偏離真正的自己的警訊，也是我們要面對的存在。

透過疾病，我們能夠察覺到自己至今尚未原諒的各種事物。而且，生病的經驗也會成為我們原諒這些事物的契機。

當我們與疾病建立起這種關係時，就能不再生病。

疾病是你要面對的對象。

所以，不要再說視疾病為敵的話。

想要成果就禁用「加油」「目標」「努力」

偶爾會聽到人說：

「我會加油快點治好病。」

「我的目標是一年後變得健康。」

「我會努力擺脫疾病。」

這些其實也是拖延病情的說法。

引起問題的詞彙是「加油」「目標」「努力」。

不只是生病的時候，最好一生都把這些當作禁用詞。

為什麼？

理由跟先前說過的「治好病」「告別」相同。

「加油」「目標」跟「努力」都表示正在朝終點努力的狀態。

也就是說，這些詞彙的焦點都放在過程中。

這時，大腦會把「加油」「目標」「努力」，認知為派給自己的工作，一心執行這項作業。

所以，**不管過多久都無法抵達終點**。

將注意力放在過程中的話，成果就容易變成其次。

舉例來說，雖然是稍早之前的事，二〇一四年索契冬季奧林匹克運動會時，聽到滑冰選手淺田真央的發言後，我就強烈感受到這個現象。我在意其中一段她在賽前記者會上說的話。淺田選手說「我希望能專心在表演上」「我想滑出屬於自己的表演」，這些話都聚焦在過程，沒有提及「自己想藉此得到什麼結果」。

當我聽到這些話時，開始擔心：「她這次該不會毫無成果吧？」後來果真在短曲項目只拿到第十六名，即使之後在自選花式項目好不容易挽回一些，最終仍只拿到第六名。

同樣地，當日本國家女子足球隊「撫子JAPAN」，在二〇一五年世界盃足球賽的決賽中輸給美國的時候，我也有過相同感受。

佐佐木則夫教練在賽前受訪時表示「只要能踢出屬於我們的足球，就有獲勝的機會」「希望她們能享受比賽，記住日本的滿滿聲援並好好加油」。

這些話也是將注意力放在比賽的過程，讓我覺得他們這樣應該很難贏過美國這支強隊，結果還真的輸了。

也許有人會認為，「但是繼續努力的話，總是會有所成果的吧？」

可是，大腦對「我」的指令是非常忠誠的，做不到「加油」「目標」「努力」等指令會很頭痛。

所以，感覺快有成果時，就會試著妨礙。以生病為例，感覺快告別疾病時，大腦就會下令讓身體無法告別疾病。

於是，大腦就能繼續「加油」「目標」「努力」的作業，不管到何時都無法擺脫疾病。

另外，「加油」「目標」「努力」等詞彙容易拖延病情，是因為這些詞彙的語調容易讓人進入避免危機模式。

當我們實際說出這些話時，會感覺身體在用力，這就是進入避免危機模式的證據。

然後，如果長時間持續避免危機模式，身體便會逐漸受損，置之不理就會生病。

要告別疾病或是想維持健康的身體，適度放鬆很重要。

因為「加油」「目標」「努力」等詞彙，能方便表達自己的幹勁和積極的態度，所以讓人容易說出口。

特別是比起結果更重視過程的人，更愛用這些詞彙。

如果只想享受過程的話，說這些話也無妨。但是想得到結果，就不要再用這種表達方式了。

順帶一提，我認為不光是生病的時候，人在看不見要怎麼走到終點的時候，才會輕易說出這些話。

「先這麼做，再這麼做，然後這樣做的話就能抵達終點」，因為通往終點的路太過曖昧不清，所以用「我會加油」「以～為目標」「我會努力」等說法帶過去。

導致無論過多久都無法抵達終點。

另一方面，若能具體看見終點及抵達終點的路，只要穩紮穩打地照做就好。

這時候不需要「加油」，不需要「目標」，也不需要「努力」。像是到附近便利商店一樣就能簡單抵達終點。

己。

當你快說出「加油」「目標」「努力」的時候，請試著用這種角度去觀察自己。

你看得到終點，以及抵達終點的路嗎？

如果看不到，不管過多久都到不了。

不說聚焦過程的詞彙，用話來表達「想得到的結果」吧！

說「想要」就得不到「想要的東西」

無意間使用的詞彙，會造成偏離意圖的狀態或是結果。

本章介紹過好幾個這種詞彙的例子。

我們使用的詞彙，就是如此影響大腦的行動，而且大腦會忠實地實現接收到的詞彙。

這其實是件令人感激的事。因為**只需將願望化作「詞彙」，大腦就會開始往實現它的方向行動**。

只不過，問題在於依據詞彙的不同，會出現「我」的意圖，經常與大腦理解的有差距。

結果造成偏離意圖的現實。

為避免這種差距發生，我們必須清楚理解並意識到大腦會**照實理解**詞彙的特性。

例如表示「想做」「想要」等許願用的詞彙。

「想變幸福」「想被愛」「想健健康康的活著」「想被認可」「想要有庭院的房子」「想要小孩」「想過更刺激的每一天」「想要很會察言觀色的部下」等表示願望的詞彙，都是我們頻繁使用的說法，對吧？

大腦是怎麼理解這些詞彙的呢？

讀到這裡，想必大致料想得到結果了吧。

沒錯，大腦會認為「你想繼續說『想做』吧」，然後為了促成這個結果而行動。

只要我們繼續說著「想做」或「想要」，就會做不了想做的事，想要的東西也無法到手。

或是，我們也常用「不想生病」「不想變窮」「不想失去工作」「不想分手」之類，想避免某件事的迴避問題詞彙。

這時大腦也會認為「你想要繼續這樣說吧」。

為了讓你能隨時意識到這個想避免的情況，它會故意去營造出這個現實。結果就是讓人生病、為錢所困、被裁員、戀愛出現問題……

而且，不管是「想做」「想要」這種願望類的詞彙，還是想避免什麼的迴避問題類詞彙，探索這些說法的背後含意之後，有時會發現**自己還沒原諒的臆斷或自我形象**暗藏其中。

具體來說就是「我不幸福」「我不被愛」「生病很不幸」「貧窮很丟臉」等。

每當我們說出這些話，這些臆斷和自我形象就會越變越強，自己也會開始為了讓它化為「現實」行動。

結果，現實發生的情況會越來越偏離自己的意願。

那麼，該用哪種說法才能創造出如己所願的現實呢？

首先要盡可能不使用前面提到的願望類或迴避問題類的詞彙。

如果無關實現與否，說出口也無所謂。但若跟真心希望能實現的事情有關，最好還是不要用這種說法。

然後，改用表示「**正在實現**」的詞彙來代替。像是「我很幸福」「我心中充滿愛」「我很健康」「我在〇月〇日恢復健康」等說法。

假如有「想變成這樣」的想法，就不要把實現的瞬間設定在未來。**從現在這個瞬間開始，就算是一點點也好，你正在經歷目標正在實現的現實情況**。

不是「想變得幸福」，而是思考能感覺到「現在，我很幸福」的實際行動，逐漸去實行它。

不是「想變得健康」，而是思考能感覺到「現在，我很健康」的實際行動，逐漸去實行它。

像這樣反覆行動，至今的臆斷及自我形象會逐漸改變。不再從心底想著「我想變～」，而能說出「我現在就是～」。

然後，「我想變～」的願望就會變成現實。

不要說「想變健康」，

改說「現在的我很健康」，去體驗那個現實！

把痛苦的事變成「過去式」

前一節提到真心想實現的事情，要用「已經是那個狀態」的說法來表達。

另一方面，我們會遇到「現在立刻想解脫」的時候或狀態。

「生病」正是其中之一。

折磨自己的臆斷及自我形象也是。

要從這些想法中解脫，該選用哪些詞彙比較好呢？得用「**過去式**」來表達。

關於現在正在折磨自己的事物，我們基本上都用「現在進行式」來表達。

「心情有點憂鬱很痛苦」「腰痛很難受」「很難好好應付小孩的叛逆期」「我做什麼都不順利」等。

請大家也試著說出現在覺得痛苦的事。講出來的話是否也是現在進行式呢？

現在它正在折磨自己，所以用現在進行式來敘述也是理所當然。

若一直自以為「現在我在這個狀態中」，認為自己的狀態是現在進行式，情況只會越來越嚴重。

想擺脫這個情況，要將它當成「已經是過去的事，現在不一樣」，因此才要用過去式來敘述。

「我曾以為自己的心情很憂鬱。」

「我曾以為自己是個做什麼都不順利的人。」

像這樣來敘述。

剛開始可能會覺得有點不習慣。

會出現抗拒過去式的自己，「不是啊，我現在情緒還是很憂鬱……」

即使如此，也要繼續改成過去式。

反覆多次之後，就能率直地認為：「對，那是過去的事，我以前這麼想過。」

就像一位罹患輕微憂鬱症的二十幾歲女性。

她在上過一次課後，就掌握擺脫憂鬱狀態的關鍵。當時她停職中，兩週後就復職了。

那堂課上的正是改成過去式的方法。

我聽著她一直以來的症狀，看好時機，問了她：

「原來如此，妳至今都以為自己得過憂鬱症。」

接著她回答：「對，沒錯。」

我在這瞬間想著：「太好了！」她因為用肯定的答案回答我的問題，接受了「以前得過憂鬱症」以及「（自己）曾這麼想過」這兩件事。

我覺得這是她的轉捩點，讓大腦改變了行動。

「哪些時候讓妳曾認為是憂鬱症呢？」之後我也用過去式發問，始終都當作往事來對話。

她漸漸開始認為，**「憂鬱是過去的事，不是現實，只是自己的臆斷。」**

結果就像先前提到的，兩週後她的心理狀態恢復到能回公司上班。

當然，並非所有人都能輕易做到。在哪個時間點開始由衷接受，都因人而異。

另外，若臆斷和自我形象越頑強，越需要時間去真心接受事實。

但只要持續下去，一定能將現實轉變為過去式。

痛苦的事要變成「過去式」。

請務必當成是說話技巧之一，試著活用看看。

把想放棄的現實變成「過去式」吧！

不要逃避，要常說通往未來目標的詞彙

當我問對方「你為什麼想擺脫疾病？」，回答大致上可分成兩種。

一種是「因為想做～」，將目光放在**未來目標**上。

另一種是「想從病痛中解脫」「很痛苦」等，想**逃離或閃避**某個東西。

根據回答，擺脫疾病的速度也會不同。本書讀者說不定已經預料到絕大部分的發展。

沒錯，能快點告別疾病的是前者，那些「為了～想告別疾病」，將目光看向未來的人。

他們明確知道恢復健康後的景象，就連現在這個瞬間大腦都在往那個願景行

動。

其中一個行動，就是大腦會命令身體，讓身體狀態得以實現願景，盡早擺脫疾病。

此外，當目光看向未來時，**思考模式會變成「想得到～」**，使**大腦的酬賞系區塊開始動作，分泌讓身心有活力的腦內化學物質，身體也進入成長模式**。

這些都能讓人開始擺脫疾病。

另一方面，在想逃離某個東西或想閃避什麼這類，像先前說過（請參照171頁）大腦會認為「你想要繼續說這個詞吧」，然後努力讓你做到，結果無論如何都無法擺脫疾病。

此外，每當自己想逃離、想閃避的時候，就會意識到生病這件事。也就是說，一天到晚生病的事都離不開腦海，於是繼續卡在生病的狀態中。

而且說到「想逃跑」「想避開」的時候，大腦中的痛苦系區塊會開始行動。這裡是讓身體進入避免危機模式的區塊，所以這種狀態若持續，身體的各部位會開始不適，結果拖延到病情。

我幫這兩種說話模式各自命名，前者為「目標志向型」，後者為「迴避問題型」。

不光是生病的時候，想讓期望成真，就要把目標志向型的說話方式當成習慣。

舉例來說，週末去泡溫泉的時候，若用目標志向型說法來描述會是，「為了下週也能維持好體力來達成目標，要去泡溫泉放鬆。」

另一方面，若是迴避問題型的話，就會是「消除壓力」或是「要解決一直以來的疲勞感」。

即使是「週末要去泡溫泉」，也會因說法改變氛圍，大腦活動的區塊也會不同。前者主要是酬賞系，後者則是痛苦系。隨著這些活動區塊的不同，行動跟身體狀態也有差。

究竟你平常的說話方式是哪種呢？

出乎意料的，習慣用迴避問題型的人並不少。

現在試著觀察一次自己的說話方式。

然後試著刻意去實行目標志向型的說法。

例如工作的話，不是因為「怕沒飯吃」，而是「想實現〇〇的夢想」。

或是要買某個東西時，不是因為「沒這個很困擾」，而是明確了解買了這個會得到什麼樣的未來。

即使是公司聚餐，也不是因為「上司命令」，而是因為「想為了□□專案還有跟△△交流情報」，對不久的將來有明確的目標。

像這樣開始對自己有所行動，迎向未來的具體目標。

還沒習慣時可能會覺得麻煩。但只要持續二十天，這種說話方式就會成為新的語言模式在腦中逐漸扎根。

請試著重新觀察一次自己及四周狀況。

應該會發現期望的現實正輕鬆加速實現中。

「因為想得到～，所以做〇〇」，常去意識未來的目標。

第六章

／

回想真實自我的記憶，斷絕疾病根源

把折磨自己的「彩色影片」記憶轉成「黑白照片」

第三章曾提到折磨自己的臆斷及自我形象，都是以過去的記憶為底。

而且，**記憶會緊黏著自己加註的解釋**。換句話說，**記憶並非單純只是以前發生過的事**。

由於自己對事件的解釋，讓只是發生過的事，常變質為過去的痛苦記憶。

然後那段痛苦回憶還會形塑出臆斷或自我形象，不少人為此所苦並因而發病。

到目前，本書介紹了各種擺脫束縛又折磨自我的臆斷及自我形象、找回自由的方法。

在總結的第六章裡，將會講解如何直搗臆斷的根源——過去記憶的方法。

立刻來介紹第一種方法。

那就是**認真把過去的記憶化為過去的事物**。

或許有人會覺得，過去的記憶不就已經是「過去的事物」了嗎？其實並不然。

腦中仍有「進行中」的記憶，才會有人被這種過去的記憶折磨，導致現在罹患疾病。

時常有人會非常鮮明地敘述父母虐待、學校霸凌或是伴侶家暴等過程，彷彿現在正在發生一樣。

例如有位四十幾歲罹患腦瘤的女性。

她在幾個月前因為前夫家暴而離婚。

她描述家暴過程的時候，實在太過真實又鮮明，當我問她「這件事也是造成你們離婚的原因嗎」，才知道原來前夫對她家暴是在二十年前，而且並不是造成離婚的直接原因。

這個事實讓我大吃一驚。

不過，所謂折磨人的過去記憶正是如此。

至今光是回想起那件事，就讓你感到恐懼、不安、憤怒、不悅等負面情緒，或是出現發抖或緊張等生理反應，那些畫面是不是就像鮮豔的彩色影片般浮現在腦海呢？

這就是現在仍進行中的狀態。

「化為過去的事物」是指把彩色影片轉成有白色邊框的黑白照片，也就是轉換成像歷史課本上的老照片一樣。

就是因為維持在彩色影片的狀態，才會讓大腦辨別為「現在進行中的事」或是「最近剛發生的事」。

這時，要把它轉換成靜止的圖片，而且是很有年代感的黑白照片，讓大腦認知到「這是過去的事情」。

關於具體做法，也是要借用話語的力量。就是在第五章介紹的「曾～」跟「過去式」的方法。

這樣一來，現在和正折磨你的過去記憶之間，就能明確畫出時間上的距離。

過去是過去，現在是現在。

過去的自己跟現在的自己不一樣，能夠好好劃分出兩者的差異。

或許很難只靠這個方法就能擺脫疾病，或解決現在進行中的問題。

可是，在劃清界線之後，就能冷靜觀察那段過去，使自己站在解決問題的起跑線上。

剛剛提到罹患腦瘤的女性，也是因為能將前夫的家暴視為二十年前的往事，才變得能以這件事為線索，找出引起疾病的臆斷及自我形象。

她察覺到自己一直有「我原本就沒有活著的價值」的自我形象。

從小對此深信不疑，然後為了去證明這個自我形象是正確的，無意識選了能讓自己有這種想法的伴侶（前夫）。

透過罹患腦瘤，她終於察覺到這個自我形象。

然後，在她拋棄了這個自我形象之後，腦瘤也隨之越變越小，最後竟在四個月後完全消失。

癌細胞可謂功成身退了。

痛苦的過去，就化作有白色邊框的黑白照片吧！

派不上用場的過去記憶，用現在的自我觀點改寫

在各種明確劃分出過去與現在的界線，把過去記憶歸類成「那是已經結束的事」的方法中，還有另一個「改寫」過去記憶的方法。

這個方法的重點在於鮮明地想像，「若是現在的自己，那個時候會怎麼應對」，來改寫過去的回憶。

比方說，假設以前表示「想成為～」，被父母反對，還說「你不可能」，結果自己無法反駁，就這樣放棄夢想。

我認識很多這種人，也相當多人因為這個情形發病。

這時候的應對方法，就是在腦中重現當時的場景，讓身處那個情境中過去的

自己，說出沒說出口的話。

像這樣把「無法反駁就放棄」的過去記憶，改寫成「好好反駁，主張自己的想法，貫徹意志到底」的記憶。

再來，不只是改寫一部分，還有改造整個過去記憶的方法。

舉例來說，因為小時候遭受同學霸凌等經驗，造成心裡有「我是被其他人討厭的人」的自我形象，長大後也為人際關係所苦。

為了消除這種情況，需要回溯小時候的記憶，接著在腦中回想和同學在一起的自己。

然後把自己改造成現在覺得「如果能這樣就好了」的理想狀態。

例如，將自己改造為對抗霸凌者，或是在午休時間或放學後，跟同學開心地一起玩的人。

將人際關係不拿手的記憶，改寫成人際關係很拿手的自己。

這也是我常常請大家實踐的方法，結果不少人因此成功遠離疾病。

像是透過改寫記憶，告別子宮頸癌的六十多歲女性。

當她還是國中生時，曾被附近的中年男子性騷擾。

這對她來說是不願再想起的記憶，但是為了改寫，我還是請她回想那段過去。

然而，並不只是回想，而是請她在記憶中感覺快要被性騷擾時，把過程改寫為「其實我反擊過對方，打了那位中年男子好幾次，還成功逃離現場」，甚至請她寫實地演出那個過程。

另外，她的疾病也跟長大後與前男友間的衝突等回憶有關，所以也請她改寫了不少相關的記憶。

結果，她大約四個月就成功告別子宮頸癌。

其他還有在改寫過去記憶後，原本不拄著拐杖就走不了路的人，當場開始跑步或小跳步；半身不遂坐輪椅的人，突然開始走路；相當大的子宮肌瘤，突然縮小到剩下三分之二之類的例子。

或許有抗拒改寫記憶這件事的人。偶爾也有人會說，「可是改寫之後也不是事實對吧？」

說實話，其實你記得的事到底是不是事實也很可疑。沒錯，**記憶很容易「捏造」**。

有個電視節目專門調查來賓學生時代的同學現況。

其中，某位藝人看著國中的畢業紀念冊說：「這位〇〇總是在體育課時昏倒，每次昏倒就會被體育課的帥哥老師公主抱到保健室。」

電視節目的工作人員跑去跟本人確認後，對方回答：「咦!?我只有因為中暑昏倒過一次，除此之外都沒有昏倒過喔。」

也就是說，那位來賓腦中的記憶被捏造了。

記憶就是這樣曖昧不明，可以隨意捏造的東西。在腦科學的世界裡，「大腦很常說謊」是個常識。

既然如此，若記憶會妨礙你想做的事，或是透過大腦痛苦系引發疾病，最好盡量改寫它們。

另外，我認為**即使那個記憶是實際上發生過的事，也不需要只因為它是事實就一直記住它**。

如果那個記憶派不上用場，改寫它不好嗎？

記憶，無論是好是壞，都會耍得人團團轉。

既然這樣，為了擺脫疾病或實現願望，也要改寫記憶往好的方向被耍吧。

改寫只是在折磨你的記憶吧！

把以前的解釋改爲能發動大腦酬賞系的解釋

第三章曾經提到，所謂過去的記憶只是你那個時候的「解釋」。

其實關於事實，不管你要怎麼解釋都可以。

舉例來說，歷史上有名的發明大王愛迪生說過這句名言，「我沒有失敗，只不過是發現了一萬種不可行的方法。」

換句話說，即使在社會上被解釋為失敗的事，對他來說僅是成功前的一個過程。

因為愛迪生有這種想法，才能設計出多種發明，同時成功商業化。

根據我們對事實的解釋，會改變大腦在那個時候以及之後的行動方式。

像愛迪生一樣，朝未來前進的方向解釋的話，大腦中被稱為酬賞系的區塊會開始活動。

相反地，做出很糟糕的否定或是責備自己的解釋，大腦中被稱為痛苦系的區塊會開始活動。

有如本書一直重複提到的，痛苦系思考會讓身心轉為避免危機模式，容易引起疾病。

從這方面來看，無論發生什麼事，都要盡可能往能讓大腦酬賞系活動的方向解釋，對身心健康才有益。

此外，這麼做也比較容易往生存目的前進。

關於折磨現在的自己的過去記憶，也能在之後改用發動大腦酬賞系思考的角度來解釋。

改變解釋的關鍵在於第三章提到的，**「人生中只會發生必要的事」，嘗試重**

新審視過去的記憶。

再次思考有關過去發生的每件事，「這件事對我來說有什麼意義？我學到了什麼？」「話說回來，那個體驗是為了什麼發生的呢？」同一件事就會看起來跟以前不一樣。

而且，**持續找出每件事對自己而言的意義之後，會逐漸看清人生中的課題為何**。

這個課題，就是你的**生存目的**。

然後，開始察覺所有的體驗都跟這個生存目的有關時，大腦的動作就會變成以酬賞系為主。

變成酬賞系思考之後，身體就不會生病。

當你能用這種視角來看待所有過去發生的事，大多數的人會逐漸遠離疾病。

來介紹罹患第二期乳癌的三十多歲女性案例。

若罹患的是乳癌，我會先探索對方跟母親之間的關係。這是因為與母親間爭執的記憶多會引起乳癌發病。

但這位患者跟母親的關係非常好，跟父親也很好，家人關係並不是造成問題的原因。

因此，我曾一度覺得不可思議，「為什麼她會罹患乳癌呢？」

不過進一步探索關係後，發現她跟家人之間還是有問題。這個問題就是她覺得父母的人生很不幸。

生病、意外、創業失敗等，看著父母接連遇到的事，她從小就覺得爸爸跟媽媽很辛苦，是非常不幸的人。

另一方面，即使（在她看來）父母非常不幸，她又非常喜歡他們。

其實，折磨她的元凶，就是這兩個想法。

也就是說，「父母的人生很不幸」「可是，就算是這樣，我還是很喜歡父母親」這兩個想法，讓她感到「自己變得幸福」就是在否定喜愛的父母的人生嗎……

這想法隨著她長大變得越來越強烈，結果「不想否定父母的人生，所以我不能變幸福」的臆斷出現在心中。

可是她之前完全沒注意到心裡有這種臆斷。

所以即使腦袋時常在追求幸福，但潛意識、甚至更深層的後設無意識（參照57頁）卻否定自己變幸福，也就是陷入所謂的「雙重束縛」狀態。

這種心理狀態也完美地反映在人生中。詢問她至今的人生歷程，根本是一得到幸福後就被破壞的循環。結婚後有了幸福的家庭，雖然懷孕了卻一直流產……就是這種狀態。

那麼，她該怎麼做才能脫離這個雙重束縛呢？

就是改變「雙親的人生很不幸」的解釋。

我請她去思考父母各自的人生課題。

她將父母身上發生的所有事都看成不幸，才以為他們的人生很不幸。

因此要改變這個觀點，重新思考爸爸媽媽是為了透過這些體驗學到什麼，才活在現在的人生中。

同時也請她重新審視自己的人生。

「父母有這種人生課題，對我來說有什麼意義呢？」

持續思考之後，她心中「我的父母很不幸」的解釋開始改變了。

她開始認為，對爸爸或媽媽來說，那些絕對不是不幸的事，而是對他們各自來說必要的事。

另外，自己的人生課題，也就是生存目的也變得更明確了。

如此，已經不是繼續生病的時候。

大約四個月後她再去醫院檢查，發現乳癌消失了。

用「人生只會發生必要的事」的觀點，
來重新審視過去的記憶。

找回幼兒期被父母所愛的感覺

引發疾病的火種，意外地跟幼兒時期與父母（包含代替雙親的大人）的關係有關。

在那個時期，是否從父母身上感受到「被他們所愛」，往往會大幅影響未來的發病情況。

這種感覺的有無，與如何看待世界有相當大的關聯。

如果幼兒期從父母那裡接收到充足的愛，「這個世界充滿愛」會變成人生的前提。另一方面，沒有感到充分被愛的話，「這個世界只有恐懼」就變成人生前提。

認為世界充滿愛還是充滿恐懼，光想像也能知道這兩者看待事物的方式截然不同。

另外，動腦方式也會不同。前者是以大腦酬賞系區塊為主，後者則是痛苦系區塊。後者比較容易發病的原理，透過日前為止的解說應該都能理解吧。

這個**「被愛」的起點，就是出生時和母親的肌膚接觸**。藉由它來培養出被愛的感覺。

雖然只是題外話，最近母子肌膚接觸不足的案例似乎變多了。

認識的婦產科醫師說，最近生產完後立刻拿手機來滑的產婦很多。這讓我非常驚訝。

我認為背後原因，在於生產方式變化的影響。

近年來受到矚目的催產素，是影響母子肌膚接觸甚大的腦內化學物質。

它又被稱為愛情荷爾蒙，若分泌量充足的話，據說會讓人萌生對他人的信任，有益於保持良好的人際關係。

生產時，母親的腦內會大量釋放催產素，這被認為會促發母親對小孩萌生的愛。

可是，未經由產道生產的剖腹產，或是未感受痛苦的無痛分娩等生產方式，很難分泌催產素。

最近這種生產方式逐漸增加，不難讓人聯想跟母子肌膚接觸不足的現象有關。

回到正題。

很多人在聽到罹患的疾病會發病，是因為幼兒期是否感受到來自雙親等人的「愛」，或許會覺得「即使這麼說，這種事壓根不記得」。且一般認為，來自雙親等人的愛是難以自行消化的問題。

但是，它是想處理就能處理的事。

因為**重要的不是「被愛」的事實，而是感覺**。既然如此，只要透過本章說明的改寫記憶或改變解釋，在過去的記憶中追加「被愛」的感覺就好。

這是曾罹患乳癌的三十多歲女性的例子。

她藉由「年齡回溯法」（輕閉雙眼慢慢呼吸，一點點往前回溯年齡，仔細回想過去記憶的手法），探索出生時的記憶。

結果她想起了媽媽對著躺在保溫箱的她，揮揮手離開房間的記憶。

這是新生兒躺在保溫箱裡常見的光景。但是，那時她感覺「我被放在保溫箱裡至少超過兩週」「媽媽不要我了」。

這個感覺變成一種開端，讓她之後的人生一直有種「我媽不愛我」的感受。

可是，現實情況是如何呢？

剛出生的新生兒，眼睛應該看不太清楚。

可想見應該是看不到自己被放在保溫箱裡，而媽媽在保溫箱外揮手的場景。

再加上，她說「我被放在保溫箱至少超過兩週」，但新生兒沒有所謂兩週的時間感才對。

這正是先前提到的捏造記憶。

她應該是在有記憶之後，感受到「我媽不要我了」「我媽不愛我」，並從那時候開始捏造記憶。

然後，這段捏造出來的記憶，開始促使大腦的痛苦系思考。

問她過去發生的事後，她說高中曾有類似憂鬱症的症狀，也去看過心理醫師。然後在接近三十歲的時候發現乳癌。

我開始跟她一起進行改變有關保溫箱回憶的解釋。

媽媽揮手不是不要她，而是因為必須得回病房，才依依不捨並充滿愛地揮手。

與媽媽相關的記憶，就像這樣改寫或改變解釋。

透過這個做法，她心中「媽媽不愛我」的感覺逐漸消失，大約半年就成功告別乳癌了。

改寫記憶或改變解釋，來找回被愛的感覺！

揭開塵封已久的回憶，告別疾病

我們對每天發生的事都有著某種情緒。想必各位在讀本書的時候，心裡也有某種情緒吧。

有些人別說是對外，甚至對自己都會隱瞞這些情緒或是想矇混過去，覺得「不能有這種情緒！」來幫自己踩煞車。

第一章提過十七個意識等級（參照30頁），其中「羞恥」及「罪惡感」較強的人，比較會有這種傾向。

因為這種想法很強烈，所以不會責怪對方，只會責怪自己。

例如，小時候曾被父母虐待的人說，「因為我不乖，所以爸媽才會施暴」的情況，出乎意料地多。

因此即使接受過整套諮商，小時候被施暴時的情緒還是很難浮出表面。

可是如果不顯露出情緒，現在的問題就無法解決。

所以，如果是因病所苦的人，我會這樣提問：

「為什麼現在你罹患了這個疾病呢？你心裡其實是怎麼看小時候的爸媽呢？爸媽說的話跟態度，沒讓你哀傷或難受嗎？」

不管是正面還是負面情緒，總之先肯定感覺到情緒的自己。無論心中有哪種情緒，都不要扼殺它。

然後，**允許自己去感覺這種情緒**。

我會鍥而不捨地追問「請說出真心話」，希望對方能做到上述過程。

第四章提到我以前罹患過黴漿菌肺炎。

當時在公司上班的我，無法對主管說「我想休息」，所以才以生病這個形式告知公司（參照127頁）。

像這樣藏在心裡的想法，如果不化成話語說出口，一定會以別種形式展現出來，而且常會以「早知如此，用說的就好了……」的形式出現。具體來說像是生病、意外或是無法解釋的行動。

舉例來說，在第三章提到「看起來像是樂觀的悲觀」等類型，恰好是典型的例子（參照75頁）。

感覺樂觀的發言，背後有悲觀的想法，於是讓人生逐漸往悲觀的方向移動。

所以，關於折磨你的臆斷及自我形象，請試著仔細回想形塑出它們的過去記憶以及情緒。

有沒有藏在背後的想法呢？

有沒有假裝自己很樂觀，認為「不可以這樣想！」而扼殺的情緒呢？

在心中還尚未結束的情緒、夾帶著這種情緒的過去記憶，請用下列九個問題來檢視一次。

Q1
這段過去的記憶，有沒有違反心裡「該這麼做，不該那麼做」的標準呢？

Q2
那個「該這麼做，不該那麼做」的標準是誰決定的？

Q3
那個「該這麼做，不該那麼做」的標準，在世界各地都通用嗎？

Q4
那個「該這麼做，不該那麼做」的標準，是在什麼契機下在心裡設定的呢？

Q5
這段過去的記憶，如果是像黃燈般提醒「某件事有可能發生，要注意！」的警訊，它是想提醒我注意什麼事呢？

Q6

這段過去的記憶，如果是感覺到「這個看起來不會順利耶～也感覺無法實現耶～」，它是對哪件事感到「這個看起來不會順利耶～也感覺無法實現耶～」呢？

Q7

這段過去的記憶，有沒有可能是來自於「我不被愛」「我不受尊敬」「我不被需要」「這是對我的批評」的解釋呢？

Q8

因爲這段過去的回憶，我沒有原諒哪些事、哪個人、哪個標準、哪種臆斷呢？

Q9

如果在Q8提到的「沒有原諒的哪些事、人、標準或臆斷」等都維持沒被原諒的狀態，十年後會變怎樣呢？工作上呢？人際關係上呢？金錢或收入上呢？其他未來的夢想、目標或健康上呢？

完成以上九個檢視問題，最後唸出接下來的文章，去原諒一直無法原諒的事情、人（包括自己）、標準或臆斷。

原諒文章範例①

我是愛，是喜悅。

我有「我是○○（例如『我是笨蛋』『我毫無價值』『我無能為力……』等）的臆斷。」

我要對有這種臆斷的自己負責。

我原諒有這種臆斷的自己。到此為止！

從現在開始我會以身為□□的自己，採取行動。

原諒文章範例② ※找回健康之一

我是愛，是喜悅。

我要對曾經這麼做的自己負責。

我原諒曾經這麼做的自己。到此為止！

從現在開始我會藉由身體症狀觀察自己，接受自己，並用「□□方法」，

為了獲得○○而行動。

原諒文章範例③ ※找回健康之二

我是愛，是喜悅。

我曾經深信「疾病是不好的東西，是敵人」。

我要對曾經對此深信不疑的自己負責。

我原諒曾經對此深信不疑的自己。到此為止！

從現在開始我會將身體症狀視為一種警訊觀察自己，
接受自己，想起往下個階段前進、成長的自己。

疾病是為了傳達「自己還沒原諒的某個事物」而現身。

所以，找出夾帶這種情緒的記憶，釐清留在記憶上還沒原諒的事，再去分析原因，最後原諒它，就能逐漸告別疾病。

直到現在，我已經協助大約八百人告別疾病，其中大多數人都是透過消除還沒原諒的事，擺脫促使大腦痛苦系活動的習慣，遠離疾病。

一旦「其實是這麼想的……」情緒出現後，不要否定它，試著去接受吧。

「我那個時候其實覺得很難受。我要原諒那樣的我，也要原諒企圖隱藏這個情緒的自己。到此為止！」

藉由原諒，開始改變自己。

Eurasian Publishing Group 圓神出版事業機構 用心與你對話．視野無限寬廣
方智出版社 Fine Press
www.booklife.com.tw reader@mail.eurasian.com.tw

方智好讀 150

活出眞正的自己，就不再生病

作　　者／梯谷幸司
譯　　者／高宜汝
發 行 人／簡志忠
出 版 者／方智出版社股份有限公司
地　　址／臺北市南京東路四段50號6樓之1
電　　話／（02）2579-6600．2579-8800．2570-3939
傳　　真／（02）2579-0338．2577-3220．2570-3636
總 編 輯／陳秋月
副總編輯／賴良珠
主　　編／黃淑雲
責任編輯／胡靜佳
校　　對／胡靜佳．陳孟君
美術編輯／李家宜
行銷企畫／陳禹伶．王莉莉
印務統籌／劉鳳剛．高榮祥
監　　印／高榮祥
排　　版／莊寶鈴
經 銷 商／叩應股份有限公司
郵撥帳號／ 18707239
法律顧問／圓神出版事業機構法律顧問　蕭雄淋律師
印　　刷／祥峰印刷廠
2022年4月　初版
2023年2月　2刷

定價 280 元　ISBN 978-986-175-668-4

你本來就應該得到生命所必須給你的一切美好！
祕密，就是過去、現在和未來的一切解答。

——《The Secret 祕密》

國家圖書館出版品預行編目資料

活出真正的自己，就不再生病/梯谷幸司著；高宜汝譯. -- 初版. -- 臺北市：方智出版社股份有限公司， 2022.04
224面；14.8×20.8公分 --（方智好讀；150）

ISBN 978-986-175-668-4（平裝）
1. CST：自我肯定　2. CST：自我實現
177.2　　111002135